개정판
# TOC 재고관리

개정판
# TOC 재고관리

초판 1쇄 발행    2013년 05월 21일
개정 1쇄 발행    2024년 07월 26일

| | |
|---|---|
| 지은이 | 정남기 |
| 교정자 | 장성호 |
| 펴낸곳 | 도서출판 아우룸 |
| 디자인 | 도서출판 아우룸 |
| 주소 | 서울시 마포구 월드컵로8길 72 |
| 전화 | 02-383-9997 |
| 팩스 | 02-383-9996 |
| | www.aurumbook.com |
| | aurumbook@naver.com |
| ISBN | 979-11-91184-99-0 |

- 저작권법에 의해 보호를 받는 저작물이므로 무단전재, 무단복제를 금합니다.
- 잘못 만들어진 도서는 교환 가능합니다.
- 이 도서의 국립중앙도서관 출판시도서목록(CIP)은 e-CIP 홈페이지(http://www.nl.go.kr/ecip)와 국가자료공동목록시스템(http://nl.go.kr/kolisnet)에서 이용하실 수 있습니다.

# Theory Of Constraints

재고감축과 결품방지 SCM과 ERP의 핵심엔진

# TOC 재고관리 개정판

정남기 지음

Supply　　　Enterprise
Chain　　　　Resource
Management　Planning

아우룸

## 개정판을 출간하며

　이 책을 출판한 후 지난 10여년동안 기업 경영의 이슈들이 여럿 등장하였다. 그중에서도 4차 산업혁명, 스마트팩토리, 인공지능(AI), 디지털트랜스포메이션(DX) 등은 우리에게 이미 익숙하다. 이런 분위기에서 '재고관리'는 여러 사람들에게 시대에 좀 뒤떨어진 느낌이 들 수도 있다. 아직 재고관리인가?

　물론 지금 우리에게 필요한 건 새 시대에 맞는 업무처리 방식 또는 일하는 방식이다. 자동화된 설비, 수많은 데이터, 복잡해지는 업무프로세스 등에 대응하여, 전문성 확보, 협업과 팀워크, 창의적 논리적 사고, 고객관점 마인드셋, 유연한 조직 등 많은 변화가 필요하다.

　이런 환경에서 재고관리는 과연 어떤 의미가 있는가? 이것도 이미 인간지능이 아닌 인공지능으로 대체된 것은 아닌가? 굳이 경영관리자가 지식을 더 쌓을 필요가 있는가?

저자는 오히려 지금 더 깊고 넓은 지식이 필요하다고 생각한다. 왜냐하면 경영 환경이 빠르게 변할수록 업무 시스템에는 인간지능의 역할이 더 커지기 때문이다. 올바른 방향으로 의사결정하고, 업무 프로세스 상세 수준을 조절하며, 조직 구성원들을 교육/훈련시키는 일은 사람이 맡아야 신기술 도입의 효과가 나온다. 무작정 신기술만 도입하는 것은 오히려 치명적인 독약이 될 수 있다.

이 개정판에는 'TOC 재고관리'를 실무에 적용하는 과정에서 얻은 경험들을 추가하였다. 비록 많은 내용은 아니지만, 이런 경험 속에서 재고관리의 필요성을 그리고 이 책의 내용들을 스스로 확인해 보는 시간이 되었다.

저자는 이전 출판된 책이 더 이상 나오지 못한 아쉬움을 달래기 위해 개정판을 준비한다. 자그만 지식이지만 책을 출판하여 보급하는 것이 기업 경영에 기여하는 가장 효과적인 방법이라 생각한다.

2024. 7
정남기

# 초판 머리말

　재고(在庫), 그것은 창고에 쌓여있는 물건들이다. 이것은 득과 실, 이로움과 해로움의 양면성을 갖고 있다. 부족함을 메워 주기도 하지만 주머니를 털어가는 경우도 많다. 그러므로 재고의 적정 수준 유지는 경영자의 큰 관심사이다.
　재고관리는 결품과 과잉재고를 동시에 예방하자는 일이다. 그렇지만 결품과 과잉재고는 서로 배타적이다. 결품은 매출증대를 방해하고 과잉재고는 비용증가를 부추긴다. 이 '재고의 딜레마'를 동시에 해결하려는 것은 쉽지 않은 일이다.
　필자는 몇 년 전부터 재고관리를 새로운 눈으로 다시 보게 되었다. 그 이유는 습득해야 할 지식이나 그 노력에 비하여 얻어지는 성과가 더 크기 때문이다. 비교적 쉽게 터득한 이론과 방법론들을 현실에 활용하여 좋은 성과를 얻을 수 있었기 때문이다. 그 활용 분야도 넓어 생산, 유통, 공급사슬경영(SCM) 등에서 효과를 발휘하고 있다. 제조업과 유통업에서 '재고의 딜레마를 해결할 수 있었기 때문이었다.

이 책은 '재고의 딜레마'를 근본적으로 해결하는 재고관리 방법을 제공하기 위해 쓰여졌다. 이 딜레마 해결 방법이 차근차근 설명된다. 예제와 도표를 이용하여 원리부터 실무적용 방안까지 안내한다. 원리는 제약이론(Theory of Constraints)에 기반을 두고 있으며, 실무적용 방안은 그 동안의 경험을 살린 것이다.

이 책은 관심의 초점을 재고 보충시스템에 맞추고 있다. 시중에는 여러 가지 보충시스템들이 소개되고 있지만, 이 책은 TOC 방식의 보충시스템을 설명하고 강조한다.

이 책은 다음과 같이 7장으로 구성되어 있다:

**제1장은** 재고관리의 이슈들을 점검하는데, 재고관리의 궁극적 목표는 결품과 과잉재고의 해소라고 요약한다.

**제2장은** 결품과 과잉재고를 동시에 해결하는 방법이 보충시스템에 있음을 설명한다.

**제3장은** 보충시스템을 목표재고시스템과 주문점시스템의 2가지로 제시하며, 그 중에서도 목표재고시스템을 더 중점적으로 설명한다. 사실 TOC 의 보충시스템이란 목표재고시스템을 발전시킨 것이다.

**제4장은** 목표재고시스템을 상세하게 설명하여 이 시스템의 작동 원리를 기술한다. 주문점시스템도 간략하게 설명한다.

**제5장은** 목표재고시스템의 운영 방법을 제시하는데, 그 중심은 버퍼(buffer)를 설정하고 관리하는 데 있다. 이 버퍼관리야말로 TOC 가 개발한 독특한 재고통제 방법이며, TOC 기반의 보충시스템을 실무적으로 성과있게 만드는 도구이다.

**제6장은** 보충시스템, 즉 목표재고시스템과 주문점시스템이 제조업에, 유통업에, 그리고 공급사슬에 활용되는 방법들을 보이고 있다. 유통망에서 재고 위치의 계획, MRP와 보충시스템의 결합, 가용생산(MTA) 방식의 도입 등을 다루고 있다.

**제7장은** 필자가 이 시스템들을 실제 기업에 적용시킨 사례들을 수록하였다.

이 책은 생산/유통 분야의 현업 실무담당자와 경영자들을 주요 대상으로 삼고 있다. 이 분야의 실무자나 경영자라면 이 책에서 제시하는 방법들에 많은 흥미를 느끼면서 실무 적용의 의욕을 키울 것으로 기대한다. 여러 가지로 제시되는 예제와 도표들이 그러한 기대감을 키워줄 것이다.

또 이 책은 대학교재로도 활용될 수 있다. 산업공학과 혹은 경영학과에서 재고관리 과목의 주교재로, 또 생산관리 과목의 부교재로 활용된다면 교육의 효과를 높일 수 있을 것이다. 독자/학생들의 이해를 돕기 위하여 연습문제도 수록하였다.

이 책에서 필자는 TOC의 기본 철학을 충실히 살리려고 노력하였다. 결품과 과잉재고의 근본원인을 캐내기 위해 노력하였고, 그 대책을 간결하게 제시하려고 노력하였다. 이것은 TOC를 창시한 골드랫(Goldratt) 박사의 가르침을 따르는 일이라 생각한다. 그러므로 필자는 그 분의 재고관리 지식을 받아 그저 실무적 해석을 덧붙인 일을 한 것에 불과하다. 재작년에 안타깝게 서거하신 박사의 영전에 이 책을 바치고 싶다.

그 동안 이 재고관리 방법을 실무에 적용할 수 있도록 기회를 주신 여러 기업의 사장님들께 감사드린다. 특히 권영두 사장님, 이재영 사장님, 김재철 회장님, 정하석 사장님, 김지훈 사장님, 그리고 전홍기 사장님의 후의를 잊지 않으려 한다.

전문서적의 넓지 않은 시장에서 이 책의 출판을 흔쾌히 결정해 주신 시그마프레스 강학경 사장님께 감사의 말씀을 드린다.

2013. 1
정남기

# 차례

개정판을 출간하며 • 4
초판 머리말 • 6

## 제1장 결품과 과잉재고 • 15

1.1 재고의 서로 다른 모습 • 16
1.2 재고의 득과 실 • 19
1.3 결품과 과잉재고 • 21
1.4 유통상품의 결품과 과잉재고 • 23
1.5 공장 완제품의 결품과 과잉재고 • 27
1.6 비축자재의 결품과 과잉재고 • 31
1.7 결품을 제거하면 이익은 5배 이상 늘어난다 • 35
1.8 결품과 과잉재고를 동시에 줄이는 '적정재고' • 39

## 제2장 재고관리의 접근 방향 • 43

2.1 재고관리, 무엇이 과제인가? • 44
2.2 '재고의 딜레마'를 해소하자 • 48
2.3 수요예측에 매달리지 않는다 • 51
2.4 '재고회전율'은 해결책이 아니라 목표에 불과하다 • 55
2.5 '재고의 딜레마'를 해소하는 보충시스템 • 57
2.6 현업의 재고보충 제도들 • 60
2.7 보충시스템은 공급사슬경영(SCM)을 운영한다 • 63
2.8 보충시스템은 ERP를 살린다 • 69

## 제3장 　보충시스템의 이해 · 75

3.1 보충시스템이란 무엇인가? · 76
3.2 목표재고시스템 · 80
3.3 목표재고시스템은 판매-유통-생산-구매를 연결시킨다 · 85
3.4 목표재고시스템은 끌어당기기이다 · 91
3.5 주문점시스템 · 94
3.6 주문점시스템은 밀어내기이다 · 99
3.7 어느 보충시스템을 사용할 것인가? · 102

## 제4장 　보충시스템의 설계 · 107

4.1 보충기간이 중요하다 · 108
4.2 목표재고를 설정한다 · 113
4.3 목표재고를 보충기간 단축으로 낮춘다 · 119
4.4 보충기간 단축 방법 · 123
4.5 서비스수준과 안전재고 · 127
4.6 통합관리로 안전재고를 줄인다 · 130
4.7 '재고의 딜레마'가 해소된다 · 134
4.8 주문점시스템의 설계 · 136

## 제5장  보충시스템의 운영 · 141

5.1 목표재고를 조정한다 · 142
5.2 시스템을 운영하는 버퍼관리 · 146
5.3 버퍼관리 예제 · 150
5.4 동적버퍼관리 · 154
5.5 동적버퍼관리의 실행 · 157
5.6 동적버퍼관리 실무 프로세스 · 161
5.7 공급리드타임이 긴 경우의 버퍼관리 · 164
5.8 창고재고와 가용재고의 합동 버퍼관리 · 170
5.9 주문점시스템의 버퍼관리 · 174
5.10 보충시스템의 성과지표 · 178

## 제6장  보충시스템의 활용 · 185

6.1 공급사슬경영(SCM)에서 목표재고시스템의 역할 · 186
6.2 유통업의 목표재고시스템 활용 · 189
6.3 유통업의 목표재고시스템 적용 효과 · 194
6.4 제조업에서 목표재고시스템의 역할 · 199
6.5 MRP와 목표재고시스템의 결합 · 203
6.6 주문생산에서 보충시스템의 활용 · 209
6.7 비축생산의 딜레마 · 212
6.8 비축생산에서 가용생산으로 · 216
6.9 가용생산의 구현 · 220

## 제7장 보충시스템 활용 사례 · 225

7.1 공급사슬경영(SCM)의 활용 사례 • 226
7.2 가용생산(MTA) 구축 사례 • 237
7.3 주문생산(MTO)과 가용생산(MTA)의 동시적용 사례 • 246

# 제1장
# 결품과 과잉재고

> 문제는 결품과 과잉재고이에요.
> 지점장들이 생각하는 해결책은 많은 재고를 보유한 후 수요예측대로 들어맞기를 기도하는 일이죠.
>
> - 폴은 어떻게 재고관리 해결사가 되었을까?(Isn't It Obvious?), p.219

1.1 재고의 서로 다른 모습

1.2 재고의 득과 실

1.3 결품과 과잉재고

1.4 유통상품의 결품과 과잉재고

1.5 공장 완제품의 결품과 과잉재고

1.6 비축자재의 결품과 과잉재고

1.7 결품을 제거하면 이익은 5배 이상 늘어난다

1.8 결품과 과잉재고를 동시에 줄이는 적정재고

## 1.1
## 재고의 서로 다른 모습

재고(在庫)란 어딘가에 쌓여 있는 물품들을 말한다. 창고에 있는 상품, 트럭이나 배로 수송 중에 있는 제품, 공장에 있는 완제품, 생산공정에 있는 원자재나 부품이나 반제품, 매장에 진열되어 있는 상품들도 재고라 말한다. 일반적으로 제조기업의 경우 총자산의 30% 정도가 재고자산에 투자되고, 유통업의 경우는 90%에 육박한다.

재고와 관련하여 다음 두 가지의 사례를 보자.

먼저, 미국의 유통회사였던 K마트의 사례이다. 이 회사는 재고회전율이 2002년 4.56이었다. 이것은 1994년 3.45를 8년 만에 32% 개선시킨 것이었다. 재고회전율이 높을수록 매출규모에 비해 재고가 줄어든 것을 의미한다. 그런데 같은 기간동안, 또 다른 유통회사인 월마트는 재고회전율을 5.14에서 8.08로 63% 향상시켰다. K마트는 2002년 파산하고 말았는데, 경쟁사 월마트보다 재고회전율이 낮았던 것도 파산 이유 중의 하나가 되었다 (한국경제신문, 2010년4월7일자).

두 번째는 공작기계산업의 사례이다. 2007년에 발생한 미국의 금융위기에 영향을 받아 2008년에 세계적으로 불황이 불어닥쳤다. 국내 공작기계산업도 예외는 아니었으며, 2009년에는 내수와 수출에서 동반 감소세를 면치 못했다. 우리 기계산업은 생산 대비 수출 비중이 약 40%를 넘고 있어서 해외수요의 감소가 수출의 대폭적인 하락세로 나타났다. 국내에서도 기업들이 설비투자를 꺼리는 바람에 공장가동률이 50% 밑으로 주저앉았다.

그런데 2010년에 접어들어 사정이 달라졌다. 수요가 빠르게 회복되어 생산-판매량이 다시 금융위기 이전 수준으로 복귀하였다. 공장가동률이 100%를 회복하였고, 내수시장을 중심으로 수요가 급증하면서 그동안의 재고를 모두 소진하였다. 그러고도 밀려드는 주문을 감당하지 못할 정도가 되었다. 재고를 대량으로 가지고 있던 회사는 고객 주문에 즉시 대응하여 판매를 크게 늘릴 수 있었다.

첫 번째 사례는 재고가 손실을 끼친 경우이다. 재고가 많을수록 은행 빚을 많이 지거나 회사의 현금이 많이 사용된 상황이다. 지나치게 많은 재고는 팔리지 않는 제품을 많이 가지고 있어서 자금이 묶여 있고, 자금난을 해소하기 위해선 향후 판매가격을 낮출 가능성이 높다. 판매가격이 낮아지면 재고자산은 큰 손실을 끼치고 만다. 이런 경우에는 재고를 통해 얻을 수 있는 수익보다 그로 인한 손실이 더 크다.

두 번째 사례는 재고가 이득을 가져온 경우이다. 고객에게 신속하게 대응하고, 또 요구하는 수량을 공급할 수 있었기 때문이다. 수요증가 덕분에 미리 만들어 놓았던 재고가 효자 노릇한 것이다. 이처럼 재고는 가격상승, 수요변동 등 여러가지 불확실한 상황에 대응하는 기능도 있다.

재고는 상황에 따라 손실을 끼칠 수도 있고 이득을 가져올 수도 있다.

그렇지만 우리는 재고의 활용이 항상 이득으로 연결되기를 바라고 있다. 상황에 따라 달라지지 않고 어떠한 상황에서도 재고가 이익에 보탬이 되도록 관리해야 한다. 그 방법을 찾아야 한다.

## 1.2
## 재고의 득과 실

재고를 보유하여 얻을 수 있는 이득은 여러가지이다. 그중에서도 가장 큰 것은, 구매, 생산, 유통, 판매의 과정에서 필요한 물품을 제때 공급할 수 있다는 점이다. 매장에 재고가 있으면 매장을 찾아온 고객을 놓치지 않고 판매할 수 있고, 부품재고가 있으면 즉시 생산을 시작할 수 있어 생산리드타임을 단축할 수 있다. 이처럼 재고는 물류를 원활하게 만든다.

또 재고는 부서간 상호 간섭을 줄일 수 있다. 매장에 재고가 있으면 판매부서는 생산/유통부서에 상품 공급을 독촉하지 않아도 되고, 부품재고가 있으면 생산부서는 조달부서에게 긴급한 일을 부탁하지 않아도 된다.

재고를 미리 확보해 두면 가격상승, 수요변동 등 여러가지 불확실한 상황에 대처할 수 있다. 공급의 감소·중단, 수요증가, 가격 상승에 대비하여 미리 투자해 두는 것이다. 추수기에 농산물을 대량으로 구입하여 이듬해 봄에 공급하려는 것이나, 휴가철, 노조파업 등에 대비하여 미리 생산량을 늘리는 것이 여기에 해당한다. 선물(先物) 거래 방식도 여기에 해당한다. 어느 시점을 예상하여 미리 예약·구입해 두는 것으로 비용 절감, 고객 만족도 향상, 수익 증가의 효과를 거둘 수 있다.

경제적 효과를 얻기 위해 대량으로 생산/수송/구매하다 보면 재고가 발생한다. 대량으로 생산하면 준비비용을 줄일 수 있고, 대량으로 수송하거나 구매하면 할인금액의 이득을 기대할 수 있다.

그렇지만 재고가 지나치게 많으면 회사는 멍이 든다. 재고를 보유하려면 그에 대한 대가를 치러야 하기 때문이다. 이것은 여러가지 형태의 비용 부담으로 나타난다. 창고비, 취급 및 운반 비용, 세금, 보험료, 열화(劣化), 진부화(陳腐化), 감량, 이자 등… 이런 비용의 증가는 현금 흐름을 악화시킨다.

어디 이뿐이랴? 재고가 많을수록 판매에 미치는 나쁜 영향이 커진다. 제품수명이 짧은 품목(short market life), 예를 들어 전자제품이나 패션제품의 경우, 신제품을 출시하려면 구제품 재고를 저가로 처분하기 쉬운데, 이는 수익성을 악화시키고 신제품 수요를 잠식시킨다.

식품과 같이 유통기한이 있는 품목(short shelf life)의 경우에는 재고가 많을수록 유통시기가 늦어진다. 유통시기가 늦어질수록 신선도는 떨어지고 유통기한에 가까운 제품이 많아지므로 매출은 줄어들기 마련이다.

또 재고가 많아질수록 자금 압박이 심해지고, 이 때문에 여러가지 제품을 다양하게 보유할 수 없게되어 판매기회를 상실할 수 있다.

지금은 모든 것이 공급과잉인 시대이다. 소비자가 선택할 수 있는 물품이 넘치고 재고도 넘치고 있다. 그렇지만 판매는 오히려 떨어지고 수익성은 점점 악화되고 있다. 왜 이렇게 재고가 약(藥)보다는 독(毒)이 되고 있는가? 재고가 독이 되지 않고 약이 되는 대책을 강구해야할 시기이다.

# 1.3
# 결품과 과잉재고

　재고관리가 제대로 되고 있는지 쉽게 알 수 있는 방법이 있다. 잘 나가는 품목은 재고가 부족하고, 잘 팔리지 않는 품목은 많은 재고가 쌓여 있는지 확인해 보는 것이다. 만약 그러하다면, 이것은 재고관리가 미흡하다는 증거이다.

　그렇지만, 많은 회사의 경우 이런 증거 확인을 어렵게 만드는 이벤트들이 있다. 예를 들자면, 시즌이 끝나기 전에 '매진(sold out)'되면 이를 축하하는 이벤트가 열린다. 상품이 시즌 마감 전에 매진되었다면 재고 확보에 실패하여 매출을 충분히 늘리지 못한 기회손실인데, 이것을 좋은 말로 표현하여 재고관리 잘못이 감추어진다.

　또 이와 정반대의 상황도 있다. 의류업에서는 팔리지 않은 과잉재고를 '아울렛(outlet)', '시즌마감 세일', '행사판매'와 같은 이벤트로 대신한다. 재고를 너무 많이 유지하여 원가도 회수하지 못하는 큰 손실을 마치 고객을 위한 행사로 바꾸어 놓는다.

사업이 잘 되려면 잘 팔리는 품목이 원활하게 공급되어야 하는데, 그런 품목에 재고가 없다면 판매기회를 놓치고 있다는 뜻이다. 이와 반대로 잘 나가지 않는 품목의 재고가 넘치면 그만큼 재고부담 비용이 커진다. 우리가 취급하는 품목 중에서 어느 품목은 결품, 다른 품목은 과잉재고가 발생한다면, 이런 현상을 막아야 한다.

재고관리가 제대로 되지 않으면 결품과 과잉재고라는 두 가지 현상이 공존한다. 재고관리는 결품방지뿐 아니라 재고감축도 도모해야 한다. 그러기 위해서는 결품을 방지하는 최소재고수준을 산출하는 일이 필요하다. 우리는 이것을 '적정재고수준'이라 말한다.

재고는 구매, 생산, 유통의 과정에서 원자재, 부품, 공정재고, 완제품, 수송재고, 유통재고 등 여러 가지 형태로 존재한다. 우리는 이런 재고들을 다음의 세 가지 형태로 구분해 둔다:

- 유통망에서 판매를 위해 비축해 둔 상품
- 제품창고에서 출하 대기중인 완제품 재고
- 생산을 위한 비축해두는 부품이나 자재

이 책은 위 세 가지 형태의 재고를 대상으로 '적정재고수준'을 운영함으로써 결품과 과잉재고를 동시에 줄이는 방법을 제시한다.

사실 어떤 자재의 가격상승이 예상될 때, 이 자재를 미리 많이 구입해 두려는 상황에서는 재고관리가 필요하지 않다. 재고를 많이 확보할수록 이익이 많아지는 것이 확실하다면 과잉재고의 위험은 없기 때문이다.

제조업에서 생산 공정 중에 있는 공정재고는 재고관리보다 생산관리를 통해 통제하는 것이 바람직하다. 공정재고의 발생은 생산계획 수립방법, 각 생산공정의 생산능력, 작업 교체 방법 등에 따라 달라질 수 있기 때문이다.

## 1.4
## 유통상품의 결품과 과잉재고

　유통업의 경우, 많은 상품에 대해 최소한의 기본재고를 확보해 두어야 매출을 보호할 수 있다. 고객들이 많이 찾아 수익에 도움이 되는 주력상품이 전체의 20~30%이지만, 그렇다고 주력상품만 진열할 수는 없다. 비주력상품도 진열하는 것이 주력상품에 대한 고객의 구매 기회를 높일 수 있다.

　또 기본재고는 일정 시간이 지나면 새로운 상품으로 대체해야 하는데 이때 운전자금이 필요하다. 소량 구매하여 빠른 시간 안에 판매하고 다시 그 판매대금으로 구매하면 자금 운용에 숨통이 트일 수 있으나 이것도 쉬운 일은 아니다. 이 순환기간이 짧지 않기 때문이다. 한 번 순환하는 데에 짧게는 몇 계절, 길게는 몇 년이 걸린다. 이런 점에서 유통업의 재고관리는 점포의 재무계획이나 매장활용계획과도 직접적인 연관이 크다.

　유통업의 핵심 경쟁요소는 공급과 판매 관계를 적절히 조절하는 것이며, 이런 업무의 중심에 바로 재고관리가 있다. 상품의 품질, 가격, 디자인, 그리고 서비스 등에서 큰 차이가 없다면 사업의 성패를 좌우하는 요인은 바로 재고관리이다. 상품재고는 적정 규모를 넘어설 경우 과다한 비용부담으로 연결된다. 적정 규모보다 모자랄 경우 소비자들은 이 상점을 물건이 다양하지 못한 곳으로 간주해 버린다. 이것은 대부분의 소매 유통업에서 치명적이며, 고객들의 점포 재방문을 가로막는 가장 큰 요인이다.

유통업 재고관리에서 가장 먼저 생각하는 것은 판매계획이다. 아래 (표 1.1)은 판매-구매-기말재고의 계획을 보이고 있다.

(표1.1) 판매-구매-기말재고 계획

|  | 12월 | 1월 | 2월 | 3월 | 4월 | 5월 |
|---|---|---|---|---|---|---|
| 판매 |  | 100 | 110 | 100 | 100 | 120 |
| 구매 |  | 110 | 120 | 90 | 95 | 120 |
| 기말재고 | 20 | 30 | 40 | 30 | 25 | 25 |

전년도 12월 말 재고가 20개이고 1월 판매계획량이 100일 때, 1월에 110개를 구매한다면 1월 말 재고는 20+110-100=30개가 된다. 만약 판매계획대로 판매된다면 적정구매량을 정하여 적정재고를 유지하는 것이 그리 어렵지는 않다.

그렇지만 수요는 변동이 심하고 계획대로 판매되지 않는 경우가 대부분이다. 그래서 판매계획을 세울 때 수요를 예측하고 예측이 정확해지기를 바라며, 정확한 수요예측을 위해 여러가지 방안을 모색하지만, 이것이 그리 쉬운 일은 아니다.

유통망에서는 어떤 품목은 재고가 바닥나 있는가 하면 어떤 품목은 재고가 넘쳐나는 현상이 자주 발생한다. 이렇게 결품과 과잉재고가 동시에 발생하는 원인은 상품의 확보가 소비자 수요에 어긋나기 때문이다. 소비자 수요는 수시로 변동하는데 상품이 수요에 맞게 공급되지 못한다는 말이다. 수요 변동 폭이 예측한 것보다 더 크기 때문이다. 한마디로 말해, 결품과 과잉재고의 원인은 판매계획대로 판매되지 않기 때문에 생기는 현상이다. 이런 상황을 다음 (표 1.2)로 확인해 보자.

(표1.2) 구매 우선순위 계획

| 상품 | 현재의 유통 재고 | 예상 수요량/일 | 재고소진 예상일 | 구매 우선순위 | 구매량 |
|---|---|---|---|---|---|
| A | 500 | 100 | 5 | 4 | 200 |
| B | 800 | 200 | 4 | 3 | 400 |
| C | 400 | 200 | 2 | 1 | 100 |
| D | 300 | 100 | 3 | 2 | 150 |

구매담당자는 현재의 유통재고와 수요량을 보고 재고가 소진될 날짜를 예상한다. 그리고 재고소진 예상일이 촉박할수록 먼저 구매하는 계획을 세운다. 위 표에서는 구매우선순위가 C, D, B, A 순서로 정해지는데, 판매가 현재의 추세대로 지속된다면 제품 C가 가장 먼저 재고소진될 것으로 예상한 것이다. 그리고, 가격, 자금, 수송의 편의를 참작하여 구매량을 정한다.

그런데 만약 실제 수요가 지금까지의 추세와는 다르게 바뀌어 상품마다 수요량에 변동이 생긴다면, 재고소진 예상일이 바뀔 수 있다. 예를 들어 위의 순서대로 먼저 상품 C를 200개 구매했다고 하자. 그런데 그동안 수요가 다음 표(1.3)과 같이 바뀌면, 2일 후 재고소진 예상일도 덩달아 같이 달라진다.

(표1.3) 구매 우선순위의 변경

| 상품 | 2일간 구매량 | 실제 수요량/일 | 2일간 수요량 | 2일 후 유통 재고 | 재고소진 예상일 | 구매 우선순위 |
|---|---|---|---|---|---|---|
| A | 0 | 100 | 200 | 300 | 3 | 3 |
| B | 0 | 300 | 600 | 200 | 0.67 | 1 |
| C | 200 | 150 | 300 | 300 | 2 | 2 |
| D | 150 | 50 | 100 | 350 | 7 | 4 |

이제는 상품 B의 재고소진 예상일이 0.67일이 되어 긴급히 구매해 오지 못하면 고객수요를 충분히 공급하지 못할 위기에 처해 버렸다. 제품 B는 결품이 발생할 상황이 되었고, 상품 D는 7일분의 과잉재고가 발생하는 상황이 되었다.

이처럼 예상 수요량에 맞추어 구매계획을 세우는 것은 결품과 과잉재고의 현상을 피하지 못한다. 수요예측에 의존하지 않는 방법이 필요하다.

## 1.5
## 공장 완제품의 결품과 과잉재고

　TV, 비누, 노트북 같은 상품은 매장에 물품을 쌓아놓고 고객을 기다린다. 이런 품목들을 생산하는 공장에서는 제품의 수요를 예측하여 나름대로 생산계획을 세우고 이에 따라 미리 생산하기 시작한다. 이런 비축생산(Make to Stock, MTS) 체제에서는 공장의 창고에 완제품 재고를 보유하고 판매부서의 출하 요청을 기다린다.

　비축생산은 수요를 예측해서 생산하기 때문에 만약 예측대로 팔리지 않는다면 재고는 쌓이고 금전적 손실을 감수할 수 밖에 없다. 그럼에도 불구하고 고객요구 리드타임이 생산리드타임보다 짧을 때는 어쩔 수 없다. 비누를 사러 온 고객에게 비누를 만드는 기간동안 기다리게 할 순 없지 않은가?

　비축생산 체제에서 공장이 할 일은 재고보유에 대한 부담을 줄이면서도 판매부서의 출하 요청에 제대로 공급해 줄 수 있는 적정량의 완제품 재고를 확보해 두는 것이다. 만약 재고가 부족하여 판매부서의 출하요청에 공급해주지 못하면 판매 기회를 놓치게 된다. 그렇지만 만약 재고가 너무 많으면 재고 비용이 증가한다. 더군다나 보유하고 있는 어떤 품목이 오랜 기간동안 출하되지 않아 폐기처분된다면 재고 비용은 더욱 커진다.

공장의 완제품 재고에 가장 큰 영향을 미치는 것은 생산계획이다. 잘 팔리는 것을 많이 만들고 판매가 저조한 것은 적게 만들도록 생산계획을 세우지만, 생산량만큼 출하되지 않으면 재고가 넘치고, 반대로 생산량보다 많이 출하되면 재고가 부족해진다. 다음 (표 1.4)를 보면, 출하량에 따라 기말재고 수량이 달라지는 것을 알 수 있다.

(표1.4) 생산계획과 재고계획

|  | 12월 | 1월 | 2월 | 3월 | 4월 | 5월 |
| --- | --- | --- | --- | --- | --- | --- |
| 생산 |  | 110 | 120 | 90 | 95 | 120 |
| 출하 |  | 110 | 130 | 90 | 90 | 120 |
| 기말재고 | 40 | 40 | 30 | 30 | 35 | 35 |

그러므로 공장 완제품의 재고관리는 생산계획 수립방법과 깊은 관계가 있다. 재고관리와 생산계획의 연동이 필요하다는 뜻이다.

일반적으로 생산계획은 수요예측이나 판매실적을 바탕으로 수립된다. 어떤 경우에는 생산리드타임의 단축이 필요할 수 있다. 생산리드타임이 짧아질수록 비축생산을 벗어나 주문생산(Make to order, MTO) 체제로 전환할 수도 있기 때문이다. 아무튼 비축생산 체제로 생산해야 하는 경우라면, 출하 대기중인 완제품의 재고관리 업무는 생산계획, 판매계획 수립 업무와 긴밀한 협조가 필요하다.

공장의 생산계획은 대개 생산계획 담당자가 재고수준과 판매추이를 보고 스스로 판단하여 생산시기와 생산량을 정한다. 생산시기는 재고수준이

(판매에 의해 낮아져서) 어느 수준 이하일 때 생산하고, 생산량은 공장에서 생산하기 쉽게 가능한 큰 뱃치로 편성한다. 생산시기와 생산량이 정해지는 개략적인 과정을 다음 (표1.5)의 예제로 보자.

(표1.5) 생산 우선순위

| 제품 | 현재의 공장 재고 | 판매수요량/일 | 재고소진 예상일 | 생산우선순위 | 생산 뱃치 |
|---|---|---|---|---|---|
| A | 500 | 100 | 5 | 4 | 200 |
| B | 800 | 200 | 4 | 3 | 400 |
| C | 400 | 200 | 2 | 1 | 100 |
| D | 300 | 100 | 3 | 2 | 150 |

생산계획 담당자는 현재의 공장재고와 수요량을 보고 재고가 가장 먼저 소진될 제품을 찾는다. 그리고 재고가 소진될 기간이 촉박할수록 먼저 생산하는 계획을 세운다. 위 표에서는 생산순서가 C, D, B, A 순으로 결정되는데, 판매가 현재의 추세대로 지속된다면 제품 C의 재고가 가장 먼저 소진될 것으로 예상한 것이다. 그리고, 생산능력과 생산의 편의를 참작하여 생산량을 정한다.

그런데 만약 실제 판매량이 지금까지의 추세와는 다르게 바뀌어 제품의 판매량에 변동이 생긴다면, 다른 제품의 재고가 먼저 소진될 수도 있다. 예를 들어 위의 순서대로 2일동안 제품 C를 200개 생산했다고 하자. 그런데 그동안 판매량도 예상과 달라졌다고 하자. 그러면 2일 후의 공장의 재고는 다음 표와 같다.

(표1.6) 생산 우선순위의 변경

| 제품 | 2일간 생산량 | 실제 판매량/일 | 2일간 판매량 | 2일 후 공장 재고 | 재고소진 예상일 | 생산 우선순위 |
|---|---|---|---|---|---|---|
| A | 0 | 100 | 200 | 300 | 3 | 3 |
| B | 0 | 300 | 600 | 200 | 0.67 | 1 |
| C | 200 | 150 | 300 | 300 | 2 | 2 |
| D | 0 | 50 | 100 | 200 | 4 | 4 |

이제는 제품 B의 재고소진 예상일이 0.67일이 되어 제품 D보다 생산을 먼저 해야 할 상황이 되었다. 제품 B는 판매량을 충분히 공급하지 못할 상황이 되었고, 제품 D는 재고가 4일분이나 쌓여버린 것이다.

이처럼 생산계획 담당자의 판단에 의해 생산량과 생산시기를 정하는 것은 자칫 수요변동에 의해 결품이 생기고 과잉재고가 생길 우려가 크다. 또 이 담당자는 매일매일 재고수준과 수요변동을 확인해야 하므로 업무적 부담도 큰 편이다. 이것은 업무규칙을 따라 처리되는 것이 아니므로 담당자의 노력과 판단에 따라 다른 결과가 나오게 되고, 대부분은 상황의 변동에 임시 대응하기에 급급해진다. 그러므로 생산계획 담당자는 항상 일은 열심히 하지만 결품과 과잉재고가 발생하는 상황을 벗어나기가 어렵다.

# 1.6
# 비축자재의 결품과 과잉재고

　　어느 공장이나 생산을 위해 비축해야 할 원자재나 부품은 많다. 이것들을 미리 준비해 두지 않으면 주문 후 납입까지의 조달기간이 너무 길어서 이로 인해 생산리드타임이 길어진다. 이런 현상을 방지하기 위해 생산계획이 확정되지 않더라도 미리 주문해서 비축해 두는 원자재/부품들을 우리는 '비축자재'라 부른다. 비축자재는, 시장 수요를 예측하여 미리 생산해 두는 비축생산 공장이든 혹은 주문을 받은 후에 생산을 시작하는 주문생산 공장이든, 어느 경우에나 발생한다. 생산계획을 확정한 후 그 소요량만 주문하는 것들을 우리는 '주문자재'라 부르기로 하자. 다음 (표1.7)을 보자.

(표1.7) 주문자재와 비축자재

| 자재명 | 자재구분 | 생산리드타임 | 자재투입시기 | 구매리드타임 | 구분기준 |
|---|---|---|---|---|---|
| A | 주문자재 | 30일 | 10일째 | 7일 | 10일 > 7일 |
| B | 비축자재 | 30일 | 10일째 | 15일 | 10일 < 15일 |

이렇게 주문자재와 비축자재를 구분하는 기준은 생산정책에 따라 달라진다. 만약 제품의 생산리드타임이 30일이고 생산계획이 최소한 30일 전에 확정된다고 하자. 그리고 자재 A를 투입한 후 20일 만에 제품이 생산된다고 하자. 만약 자재 A의 구매조달기간(우리는 이것을 '구매리드타임'이라 부른다)이 7일이라면, 이것은 주문자재다. 왜냐하면, 자재 A는 주문되어 입고될 때까지 10일( > 7일)의 여유가 있으므로, 굳이 미리 비축할 필요가 없고 생산계획이 확정된 후 주문해도 충분하기 때문이다.

그렇지만, 만약 자재 B는 구매리드타임이 15일이라면, 이것은 비축자재가 된다. 생산계획이 확정되기 5일 전에 혹은 생산계획과 관련없이 어느 정도의 수량을 비축하고 있어야 생산리드타임 30일을 지킬 수 있다. 자재 B를 비축하지 않는 주문자재가 되게 하려면, 제품의 생산리드타임을 35일로 늘리던가, 또는 자재 B의 구매리드타임을 10일 이내로 단축해야 할 것이다.

이런 맥락에서 주문자재와 비축자재를 구분하는 것은 매우 전략적인 의사결정이다. 생산리드타임이 자재의 준비상태에 따라 달라질 수 있는 상황이라면, 비축자재의 품목 수를 늘림으로써 생산리드타임을 단축할 수 있다. 비축자재의 품목 수가 늘어나면 재고보유비용도 늘어나는데, 반면에 생산리드타임의 단축 효과는 유통과 판매에 이득을 가져올 수 있다. 이 비용과 이득의 관계를 검토하면서 어느 비축자재와 주문자재의 구분기준을 결정한다.

비축자재의 경우에도 결품과 과잉재고에 시달리는 경우가 많은데, 이런 문제점은 구매조달 업무와 관련이 크다. 구매부서가 비축자재(주문자재는 제외됨)를 구매할 때 구매량과 구매시기를 정하는 것이 쉽지 않기 때문이다. 구매량과 구매시기는 생산계획에 근거를 두고 있는데, 생산계획 품목과 수량이 자주 바뀌고 계획대로 생산되지 않는 경우가 많기 때문이다.

구매부서가 구매량과 구매시기를 정하는 것은 재고수준을 보면서 재고를 보충해가는 방식을 취한다. 이들이 일반적으로 사용하는 재고보충 방식은 대개 주문점 방식이다. 다시말해서, 재고수준이 주문점 이하로 떨어지면 구매하는 방식이다. (표 1.8)의 다음 예제를 보자.

(표1.8) 비축자재의 구매계획

| 비축자재 | 현재고 | 예상소비량/일 | 주문점 | 예상구매시기 | 구매량 |
|---|---|---|---|---|---|
| A | 500 | 100 | 200 | 3일 후 | 300 |
| B | 800 | 200 | 400 | 2일 후 | 400 |
| C | 400 | 50 | 100 | 6일 후 | 200 |
| D | 300 | 100 | 200 | 1일 후 | 500 |

각 제품마다 예상 구매시기는 일반적으로 (현재고 - 주문점)/소비량으로 정해진다. 그리고 구매량을 정하는 것은 수송비, 가격할인, 생산계획 등을 반영하여 정해지는데, 현실적으로는 구매담당자가 스스로 판단하여 정하는 경우가 많다.

위 예제에서 2일 후 상황이 다음 (표1.9)와 같다고 하자. 구매는 계획대로 진행되었는데, 실제 소비량이 예상과 다르게 변동하였다면, 2일 후의 비축자재 재고는 다음과 같이 계산된다.

(표1.9) 비축자재 구매계획의 변경

| 비축자재 | 2일간 구매량 | 실제 소비량/일 | 2일간 소비량 | 2일 후 비축자재 재고 | 재고 소진예상일 |
|---|---|---|---|---|---|
| A | 0 | 100 | 200 | 300 | 1.5일 후 |
| B | 400 | 300 | 600 | 600 | 2일 후 |
| C | 0 | 150 | 300 | 100 | 0.67일 후 |
| D | 500 | 50 | 100 | 700 | 14일 후 |

이제 자재 C의 재고소진 예상일이 0.67일이 되어 생산에 공급하지 못할 수도 있는 급박한 상황이 되었다. 그렇지만 자재 D는 재고가 14일분이나 쌓여버린 것이다.

이처럼 구매 담당자의 판단에 의해 구매량과 구매시기를 정하는 것은 자칫 수요변동에 의해 결품이 생기고 과잉재고를 발생시킬 우려가 크다. 또 이 담당자는 매일매일 재고수준과 소비변동을 확인해야 하므로 업무적 부담도 큰 편이다. 이것은 업무규칙을 따라 처리되는 것이 아니므로 담당자의 노력과 판단에 따라 다른 결과가 나오게 되고, 대부분은 상황의 변동에 임시 대응하기에 급급해진다. 그러므로 구매 담당자는 항상 일은 열심히 하지만 결품과 과잉재고가 발생하는 상황을 벗어나기는 어렵다.

# 1.7
# 결품을 제거하면 이익은 5배 이상 늘어난다

결품이란 상점에서 고객이 구매하려는 품목의 재고가 없는 경우를 말한다. 또 공장에서 제품 제조에 필요한 부품/원자재 재고가 없는 경우나, 공장창고에서 영업부가 요청하는 제품을 보유하지 못한 경우도 결품이라 말한다.

결품이 매출에 미치는 영향은 생각보다 더 크다. 결품이 발생해도 그다지 대수롭지 않게 생각하는 경향이 있는데, 사실 이것이 매출과 이익을 깎아내리는 중요한 요인임을 알아야 한다.

이런 사실을 확인하기 위하여 예를 하나 들어보자. 평판 좋고 실적 좋은 의류 유통회사가 있다고 가정하자. 이 회사는 소매 상점에 의류를 공급하며, 1년 매출이 1,000억원이고 영업이익은 50억원 정도라고 하자.

이 회사가 상점에 의류를 공급할 때, 결품 현상, 즉 상점이 원하는 품목을 회사창고에서 보유하지 않는 경우가 빈번하게 발생하고 있다고 하자. '빈번하게 발생한다'는 것을 결품 발생율로 표현한다면 몇퍼센트나 될까? 사실 결품에 대한 통계자료는 수집되기 어려운 수치이다. 업무상 기록되지 않는 항목이기 때문이다. 우리는 이것을 대략 30%정도라고 추정해 두면 큰 무리는 없을 것이다.

만약 결품 발생율이 30%라면, 이 결품 때문에 판매하지 못하는 비율은 얼마나 될까? 어떤 사람은 '30% 이하'라고 말할 것이다. 매장에서 고객은 자신이 원하는 품목이 없으면 다른 품목을 사가는 경우도 있기 때문이다. 그러나 고객이 다른 품목을 사가는 것을 인정하더라도 실제로 결품 때문에 판매하지 못하는 비율은 30%보다 훨씬 더 크다고 보아야 한다. 왜 그런가?

상점에서 한 품목이 결품된다는 것은 이 품목의 실제수요가 예상수요보다 훨씬 더 컸다는 뜻이며, 결품되는 품목의 수요는 그렇지 않은(재고가 있는) 품목의 수요보다 더 큰 것이다. 다시 말하여, 결품은 수요가 큰 품목에서 발생한다. 그러므로 결품에 의해 판매기회를 놓치는 경우는 결품의 발생보다 더 많을 것으로 추정된다. 이런 연유로, 결품발생율이 30%라면 판매기회의 손실 비율은 대략 50% 정도라 생각하더라도 무리가 없을 것이다.

이와 같은 분석이 어느 정도 타당하다면, 우리가 현재의 매출을 기준으로 생각할 때, 결품 때문에 생기는 판매기회의 손실 금액은 현재의 매출액과 거의 비슷한 수준이 된다. 만약 이 회사가 상점에서 원하는 품목들을 모두 회사창고에 보유하여 결품을 전혀 발생시키지 않는다면, 이 회사의 매출은 2,000억원 수준으로 증가할 것이다.

매출증가에 영향을 주는 요인이 한가지가 더 있다. 공급회사의 창고에 없는 품목들은 상점의 재고 품목 리스트에서 제외된다는 점이다. 그러므로 회사창고의 결품이 상점의 매출에 미치는 영향이 더 클 수 있다. 이 점을 좀 더 상세히 이야기해 보자.

이 회사가 취급하는 의류는 패션상품이므로 시장에서 수명이 6개월 정도이다. 그러므로 이들은 매 6개월마다 새 상품을 출시하며, 시즌에 대비하여 6개월치를 주문하고 구매한다.

그런데 만약 시즌 시작 전에 6개월은 버틸 것으로 예상했던 품목이 시즌 시작 후 1개월 만에 매진되는 경우가 있을 것이다. 혹은 3주 만에, 아니면 3개월 만에 바닥나는 경우도 있을 것이고… 이런 품목들은 매우 잘나가는 품목들이며, 수요가 예측치를 훨씬 웃도는 품목들이다.

이렇게 잘 팔리는 품목들의 판매기회 손실을 계산해 보자. 만약 1개월 만에 바닥나는 품목이라면, 5개월 동안 판매되지 못한다. 이 품목의 판매기회손실은 실판매액의 5배가 될 것이다(시즌 초기의 수요는 피크 수요가 아니라 평균수요 정도라 간주한다).

3주 만에, 1개월 만에, 3개월 만에 매진되는 품목들을 파악할 수 있다면, 우리는 결품이 매출에 미치는 영향을 구체적으로 추정해 볼 수 있다. 그 계산이야 어떠하든, 이런 상황이라면 결품에 의한 판매기회 손실이 실제 판매금액보다 더 크지 않겠는가? 만약 이런 점을 반영한다면, 이 회사의 매출 규모가 2,500억원 정도는 가능하다고 추정하는 것은 무리가 아닐 것이다.

이런 사실에 입각하면, 우리는 결품이 이익에 미치는 영향을 추정할 수 있다. 만약 이 회사에서 이런 결품현상을 제거한다면 영업이익이 얼마나 증가할까? 이를 위해 대략 다음과 같은 상황을 가정해 둔다.

- 만약 이런 결품현상을 제거할 수 있는 방법이 있다면, 이런 시스템을 구축하는 비용은 그리 크지 않다.
- 매출 증가를 위한 운영비가 크게 증가하지는 않을 것이다. 다만 재고를 더 많이 유지해야 할 필요가 있고, 이에 따른 투자비가 어느 정도 증가할 것이다.

- 투자비와 운영비의 증가액은 매출증가분의 2/5수준이라 가정하자.
- 구입가는 판매가의 2/5수준이라 가정한다.

앞서 설명한 것을 따라, 결품을 제거하면 매출이 2,500억원으로 증가한다고 가정할 때, 영업이익은 다음과 같이 추정된다.

- 매출 증가: 2,500억원 - 1,000억원 = 1,500억원
- 구입비용 증가: 1,500억원 x 0.4 = 600억원
- 투자비와 운영비용 증가: 1,500억원 x 0.4 = 600억원
- 영업이익 증가: 1,500억원 - (600 + 600)억원 = 300억원

이 계산에 의하면 영업이익이 300억원 더 늘어날 것으로 추정되었다. 이것은 결품방지가 얻어낼 수 있는 이득을 말해준다. 우리가 지금까지 이런 영향을 간과한 것은 아닐까? 우리는 왜 진즉 이렇게 하지 않았을까? 물론 여기서 가정한 상황들이 실제와 다를 수 있다. 그렇더라도 결품방지가 매출기회의 확대에 기여하는 것은 사실이고, 그 영향이 평소 우리가 생각했던 것보다는 클 수 있다는 점은 부인하기 어렵지 않은가?

## 1.8
## 결품과 과잉재고를 동시에 줄이는 적정재고

전체최적화란 말은 목표달성에 가장 효과적으로 기여한다는 뜻이다. 그리고, 부분최적화란 목표달성에 대한 기여도가 그리 크지 않거나 오히려 목표달성을 방해한다는 뜻이다.

여기서 우리는 전체최적화 관점의 재고관리를 생각해 본다. 앞서 설명하였던 표현을 빌리자면, 이것은 결품을 줄이고 과잉재고를 방지하는 것이며, 결품과 과잉재고 방지가 이익을 최대화시키는 가장 효과적인 방법이 된다. 우리는 앞으로 '적정재고'라는 표현을 사용하여, 결품과 과잉재고를 최소화시키고 이익을 최대화시키는 재고 유지 수준을 말한다.

만약 비용을 줄이기 위해 재고를 줄이고 이로 인하여 결품이 크게 유발된다면 이것은 적정재고를 유지하지 못하는 부분최적화에 그친다. 일반적으로 결품에 의한 매출 손실은 비용절감의 이득보다 훨씬 더 크기 때문에 비용절감에 집착하는 것은 소탐대실(小貪大失)이 되고 만다.

이런 내용을 더 명확히 설명하기 위해 결품과 과잉재고가 수익성에 미치는 영향을 다음과 같은 (그림 1.1)의 인과관계 다이어그램으로 표현하였다. 이 다이어그램은 재고관리가 미흡하여 결품과 과잉재고를 방지하지 못했을 때 수익성이 나빠지는 과정을 보이고 있다.

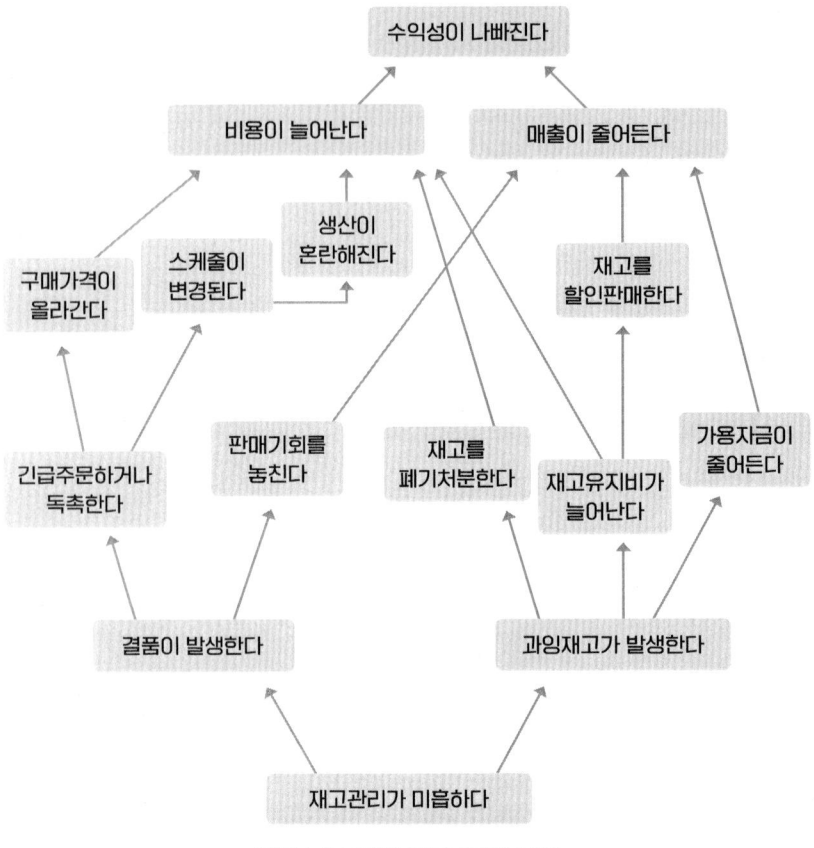

(그림1.1) 미흡한 재고관리의 피해

여기서 알 수 있듯이, 결품과 과잉재고는 수익성에 직접적인 영향을 미친다. 그러므로 재고관리의 목표는 결품과 과잉재고를 줄이는 데 있으며, 이 목표달성을 위해서는 비용이 지출될 수도 있다. 만약 비용줄이기에 치중하다 보면 불필요한 재고를 늘리거나 필요한 것을 제때 조달하지 못할 수 있고, '적정재고' 유지에 실패할 수 있다.

적정재고를 유지하여 부분최적화를 벗어날 방법은 무엇인가? 여러가지 방법이 있겠지만 가장 큰 영향을 미치는 일은 발주량과 발주시기를 결정하는 것으로 귀결된다. 그래서 이 책의 주제는 '발주량/발주시기 정하기'이며, 수요변동의 영향을 극복하면서 적정재고를 유지하고 운영하는 방법을 설명한다.

## 이해 돕기 문제

1-1 재고가 이득을 가져온 사례, 그리고 손실을 가져온 사례를 찾아보시오.

1-2 구매계획은 유통상품의 재고에 큰 영향을 끼친다. 구매계획을 수립할 때 재고관리를 위해 고려하는 요인들은 무엇인가?

1-3 생산계획은 공장의 완제품 재고에 큰 영향을 끼친다. 생산계획을 수립할 때 재고관리를 위해 고려하는 요인들은 무엇인가?

1-4 주문자재와 비축자재를 구분하는 기준은 무엇인가?

1-5 결품의 영향을 시뮬레이션할 수 있는 엑셀 프로그램을 작성해 보시오. 즉, 1, 7장의 내용에서 매출액, 결품율, 구매비 비율, 투자비와 운영비용의 비율 등을 변경할 때, 영업이익의 변화가 자동으로 계산되는 시트를 작성해 보시오.

1-6 위의 (그림 1.1)에서 화살표는 인과관계를 표현하고 있다. 즉, 'A -> B'는 '만약 A라면, B이다'의 형식으로 읽을 수 있다. 이 형식으로 (그림 1.1)을 읽으면서 내용을 확인해 보시오.

1-7 적정재고 수준의 유지에 성공하거나 혹은 실패하는 데 가장 결정적인 영향을 미치는 일은 무엇인가?

# 제2장
# 재고관리의 접근 방향

> 어마어마한 돈을 투자한 새로운 예측시스템은 이전과 비교해서 하나도 다르지 않은 엉터리 산출물을 내놓고 여러 사람 골치만 썩이고 있지.
>
> - 폴은 어떻게 재고관리 해결사가 되었을까?(Isn't It Obvious?), p.253

2.1 재고관리, 무엇이 과제인가?

2.2 '재고의 딜레마'를 해소하자

2.3 수요예측에 매달리지 않는다

2.4 '재고회전율'은 해결책이 아니라 목표에 불과하다

2.5 '재고의 딜레마'를 해소하는 보충시스템

2.6 현업의 재고보충 제도들

2.7 보충시스템은 공급사슬경영(SCM)을 운영한다

2.8 보충시스템은 ERP를 살린다

## 2.1
## 재고관리, 무엇이 과제인가?

　재고관리의 업무 내용을 보면, 발주, 입출고관리, 적정재고 유지, 수요 관련 정보 수집, 반품과 같은 품질관련 자료 집계, 재무계획 또는 생산계획을 위한 정보 제공 등등… 그리고 수요예측방법의 개선, 창고관리 자동화, 정보통신 시스템, 정보 획득장치인 바코드/QR코드/전자태그(RFID) 등의 신기술도 도입된다.

　세계적 유통업체인 월마트는 개별상품 단위에 RFID 시스템을 확대 부착하기로 결정했다. 이런 장치에 의해, 상품이 입고된 후 15분 이내에 실시간으로 상품판매 정보를 공유하고, 재고비용과 물류비용의 감축, 가짜 상품과 도난의 방지, 소비자가 찾는 상품 생산과 진열 등에 의한 판매증가 등의 이익을 기대하고 있다. 물론 여기에는 막대한 투자가 필요하다.

　이러한 정보 공유는 재고관리를 위한 기초자료가 된다. 재고 상황을 알려주는 데 효과적이며, 현재 몇 개를 보유하고 있는지, 현재 몇 개가 남거나 부족한지 쉽게 알 수 있다.

이렇듯 재고관리에 우리들은 많은 노력을 기울이고 여러가지 업무들은 바쁘게 돌아가지만, 직원들이 겪는 업무상 애로사항들은 아직도 줄어들지 않고 있다. 예를 들어,

- 판매되지 않는 오래 묵은(불필요한) 재고가 많다.
- 상품의 구매/발주 시기를 판단하기 어렵다.
- 창고/매장이 너무 비좁다.
- 고객 요구 품목의 결품이 너무 자주 발생한다.
- 재고회전율이 너무 낮다.
- Lead Time이 긴 품목 또는 짧은 품목이 너무 많다.
- MOQ 때문에 적절한 수량을 발주하기 어렵다.
- 벤더/생산자/센터의 입고일 약속이 지켜지지 않는다.
- 수요 변동 폭이 큰 품목들이 많다.

등등…

우리가 재고관리에서 다루어야 할 주요 과제는 이런 정보를 수집하고 활용하는 데 그치지 않고 다음과 같은 의사결정 이슈들이 제대로 다루어져야 한다.

- 재고 유지 품목의 선정
- 재고의 위치 결정
- 재고 확보를 위한 발주량과 발주시기의 판단
- 적정 재고수준의 결정

이런 의사결정들이 합당하게 수행될 때 비로소 결품과 과잉재고를 동

시에 감소시키고 적정재고 수준이 유지될 수 있다.

　재고를 유지할 품목들은 수요량이 많은 것들이다. 그것이 유통상품이든, 공장의 완제품이든, 그리고 비축자재이든 마찬가지이다. 유통상품은 판매량이 많은 것, 공장의 완제품은 출하량이 많은 것, 그리고 비축자재는 생산 소비량이 많은 것을 재고로 보유하는 것이 유리하다.

　수요가 얼마 이상이면 재고를 유지하고, 수요가 얼마 이하이면 재고를 유지하지 않는지, 여기서 그 기준을 말하자는 것은 아직 아니다. 대략적 원칙이 그러하다는 뜻이며, 이 기준은 경영자의 전략적 판단에 해당하는 내용이다.

　재고의 위치란 재고가 실제 쌓여있는 곳을 말한다. 유통상품의 재고위치는 공급자 창고, 물류창고, 도매상, 소매상 등이 있겠고, 완제품의 재고위치로는 공장의 완제품창고가 있으며, 비축자재의 경우는 공정과 공정 사이, 공장의 수입창고, 벤더의 완제품 창고, 벤더의 수입창고 등이 해당된다.

　이러한 재고 위치는 소비자가 제품을 구매하기 위해 기다리는 시간과 연관되어 있다. 유통상품의 재고가 소매상에 있을 때 소비자는 기다리지 않고 즉시 구매할 수 있지만, 이런 재고가 없다면 소비자는 더 오랜 시간을 기다려야 한다.

　그러므로 재고의 위치도 소비자의 대기시간을 감안하여 경영자가 전략적으로 결정할 일이다. 예를 들어, 만약 소비자 대기시간을 줄임으로서 매출의 증가를 꾀할 수 있다면 완제품 재고를 유통망에 위치시키는 것이 유리하고, 만약 그렇지 않다면 완제품이나 비축자재의 재고를 공장에 위치시키는 것이 더 유리할 것이다.

　그런데 사실 재고품목과 재고위치는 동시에 결정되어야 한다. 우리는 "어느 품목을 어디에 위치시킬 것인가?" 라고 질문하면서, 그 답변을 통해 재고관리 업무를 설계한다. 이 책에서 다룰 많은 내용들이 여기에 해당하며, 특히 2.6절, 2.7절, 그리고 제6장에서 상세히 다루어진다.

발주량과 발주시기는, 제1장에서 살핀 바와 같이, 결품과 과잉재고의 발생에 큰 영향을 미친다. 유통상품의 재고문제는 발주시기와 발주량을 정하는 어려움에 있으며, 공장 완제품의 재고문제는 생산시기와 생산량, 비축자재의 재고문제는 구매시기와 구매량을 정하는 어려움에 있다. 그러므로 재고관리는 발주량과 발주시기를 정하는 발주정책에 있다고 말할 수 있다.

또 재고의 적정 보유 수준은 발주량과 발주시기에 의해 정해진다. 그러므로 이것은 발주정책에 해당하는 일이며, 이 정책이 결품을 방지하는 최소재고수준, 즉 '적정재고수준'을 결정한다.

재고에 대한 투자 효과를 극대화하려면 합리적인 발주정책이 수립되고 이 정책이 지속적으로 운영되어야 한다. 적정재고수준의 크기가 정해지고, 발주량과 발주시기가 합리적으로 정해질 수 있는 경영시스템이 필요하다. 이 경영시스템은 큰 비용을 투자하지 않고 기존의 장비들을 활용하여 구축될 수 있다. 발주량과 발주시기를 실무적으로 운영하는 방법이 이 시스템의 핵심이다.

이 책은 실무적인 재고관리 경영시스템을 구축하는 방법을 제시한다. 이 시스템은 최소의 재고로 최대의 이익을 달성하는 것을 목표로 삼는다.

## 2.2 '재고의 딜레마'를 해소하자

　재고관리의 임무는 결품방지와 재고감축이라는 두마리의 토끼를 잡으려는 데 있다. 결품방지는 판매기회를 확대시키고, 재고감축은 비용절감에 기여한다.

　결품이 발생하면 판매기회를 놓치고 고객이 달아난다. 결품에 관한 공식 보고서가 결품수준을 2~3%로 말하면, 실제 결품수준은 20% 이상이다. 그러므로 우리는 결품수준을 0%에 가깝게 만들어야 한다.

　그렇지만 재고를 최소화시키는 방법으로, 즉 재고회전율을 최대화시키는 방법으로 이 결품을 줄여야 한다. 재고회전율이 만족스럽지 않으면 결품을 줄였다는 공을 인정받지 못한다. 이런 내용들은 이제 (그림 2.1)의 간략한 다이어그램으로 표현된다.

(그림 2.1) 재고의 딜레마

이 다이어그램이 설명하는 내용은 다음과 같다.

재고관리의 목표는 이익을 최대로 늘리는 것이다. 이익을 늘리려면 판매기회를 최대한 확보해야 하고, 또 판매기회를 최대한 확보하려면 우리는 많은 재고를 보유할 필요가 있다. 그런데 또, 이익을 최대화하기 위해서는 재고 보유 비용을 최소화해야하며, 이를 위해서는 적은 재고를 보유해야 한다. 그러므로 재고를 많이 보유해야 할지 혹은 재고를 적게 보유해야 할지 우리는 그 사이에서 항상 갈등을 겪고 있다.

이런 갈등을 우리는 '재고의 딜레마'라 말한다. 이 딜레마는 재고관리 담당자만 겪는 것이 아니라 회사 전체가 겪는 갈등이다. 예를 들어 각 부서마다 입장이 서로 다르다.

- **영업** : 고객에게 신속한 납품을 위해, 가능한 많은 종류, 많은 양의 완제품 재고가 유지되기를 바란다. 그리고 신속하게 제조되기를 바라므로 부품이나 공정재고가 많은 것이 좋다.
- **생산** : 생산 능률을 높이려면 부품·원료·공정 재고를 많이 유지하여

생산 중단을 막을 필요가 있다.
- **구매** : 대량으로 구입하여 할인혜택을 받고 가격상승이나 부족현상에 대비하려면 재고가 필요하다.
- **재무** : 모든 재고자산에 대한 투자는 최소화되어야 한다.
- **노무** : 수요가 계절적으로 변하더라도, 생산량을 일정하게 유지하여 고용수준에 변동이 없기를 바라므로 적정재고가 필요하다.
- **개발/설계** : 설계변경이 발생하더라도 부담을 줄이려면 재고가 없는 것이 좋다.

이런 입장의 차이는 오랫동안 지속되고 있다. 재고관리에 성과가 있으려면 이 '재고의 딜레마'를 해결해야 한다. 재고를 많이 보유하려는 필요성과 재고를 적게 보유해야 할 필요성 사이의 갈등을 해소시켜, 최소의 재고를 보유하면서도 판매기회를 최대한 확보할 수 있어야 한다. 이 갈등의 해소 방법은 무엇인가?

이 문제의 해결책은 기업 전체의 이익을 도모하는 방향에서, 즉 전체최적화의 관점에서 찾아야 하며, 한 부서의 입장만 강조되면 회사에 손실을 끼칠 수 있다.

대부분의 경영자들은 이 딜레마 해소 방법을 주로 비용/현금의 통제 프로그램에서 찾는다. 그렇지만 이런 비용절감 프로그램은 이익증가율을 10%도 달성시키기 어려우며, 부분최적화에 머물고 만다.

큰 이익의 창출은 판매 기회를 확보하여 매출을 100%, 200% 증가시킬 때 가능하다. 그렇다면 이런 매출 증가에 기여할 수 있는 전체최적화 재고관리는 과연 가능하단 말인가? 이것은 수요예측에 매달리지 않는 재고관리가 구현될 때 가능하다.

## 2.3
## 수요예측에 매달리지 않는다

앞에서 살펴 보았듯이, 유통상품, 완제품, 비축자재의 결품/과잉재고는 수요예측이 부정확하기 때문에 발생한다. 그렇다면 수요예측의 정확도를 높이면 이런 재고문제들은 저절로 해결되는가? 수요예측이 정확해질수록 결품은 더 줄고 과잉재고도 더 줄어들 것인가? 그럴 것이다.

그렇지만, 문제는 수요예측의 정확도를 높이는 것이 쉽지 않다는 데 있다. 의류의 경우 6개월 정도 일찍 시즌을 준비하는데, 6개월 앞서 각 품목마다 수요를 정확히 예측하는 것은 어려운 일이다. 각 품목의 실제 수요를 알지 못한 상태에서 생산량을 정하다 보면, 절반은 과소 예측하여 결품이 발생하고 절반은 과잉 예측하여 남아도는 것이 보통이다.

수요예측은 여러가지 형태의 시장분석과 예측기법을 사용하는데, 어떤 예측기법이든 그 정확도는 그다지 만족스럽지 않다. 아무리 노력해도 실무적으로 필요한 수준의 정확도를 얻을 수 없고, 단지 추세나 장기적인 전망을 가늠하는 정도에 그친다. 정확한 수요예측이란 사실상 불가능하며, 재고관리의 고민은 바로 여기에 있다.

재고관리에서 예측에 근거한 발주정책중 하나가 '선발주(先發注)' 방식이다. 선발주란, 공급리드타임이 고객요구리드타임에 비하여 너무 길 때, 사용시기와 수량을 예측하여 미리 주문하는 것을 말한다.

선발주 방식을 비축자재의 예제로 설명해 보자. 다음 (표 2.1)은 한 제품의 생산계획과 생산에 사용될 자재 A의 소요계획을 나타낸다.

(표 2.1) 선발주 방식의 재고관리

| 주 | | 1 | 2 | 3 | 4 | 5 | 6 | 7 | 8 |
|---|---|---|---|---|---|---|---|---|---|
| 생산계획/예측수요 | | | 10 | | | | 15 | | |
| 자재 A (LT 5주) | 발주 | 15 | | | | | | | |
| | 입고 | | 12 | | | | 13 | | |
| | 재고 | 12 | 12 | 2 | 2 | 2 | 15 | 7 | 7 |
| 수정된 생산계획 | | | 10 | | | | 8 | | |

여기서 생산계획은 3주 전에 확정되며, 그 이후의 계획은 미확정이거나 예측치에 불과하다고 하자. 현재 2주째 생산량이 10개로 확정되어 진행중이며 자재 A도 12개가 확보되어 있다. 6주째 15개의 생산은 아직 확정되지 않은 예측수요이다. 그리고 자재 A의 구매리드타임은 5주라 하자.

6주째 15개를 생산하려면 자재 A가 15개 확보되어야 하는데, 그러려면 지금 미리 발주해야 한다. 생산계획이 확정되기까지 기다릴 수는 없다. 자재관리자는 어쩔 수 없이 6주의 예측 수요 15개를 근거로 자재 A 15개를 지금 발주 지시한다.

6주가 되었을 때, 자재A가 발주량보다 적은 13개만 입고된다면, 재고는 15개이다. 그런데 생산계획이 8개로 확정된다면 자재A는 7개의 과잉재고가 발생하게 된다.

공급 리드타임이 고객요구 리드타임보다 길 때, 사용시기와 사용량을 예측하여 선발주하거나, 사용량을 미리 추정하여 적절한 수량을 재고로 미리 확보해 둘 수 밖에 없다. 이런 방식들이야말로 수요예측에 의존하는 재고관리이다.

유통망 상품의 재고관리도 많은 경우 예측에 의한 선발주 방식이 사용된다. 재고관리자(혹은 구매담당자)는 고객 수요를 사전에 미리 판단해서 구매시기와 구매량을 정하는데, 판매계획이나 수요예측에 의존한다. 만약 결품과 과잉재고가 발생하면 판매계획/수요예측이 부정확했기 때문에 어쩔 수 없었다고 말할 뿐이다. 그렇지만 이 문제를 해결해 주는 사람은 아무도 없고, 결품/과잉재고는 여전히 계속된다.

수요예측에 의존하는 재고관리는 공급리드타임이 고객요구 리드타임보다 더 길기 때문에 일어나며, 공급 리드타임이 길어질수록 수요예측에 대한 의존도는 더 커진다.

공급리드타임은 왜 길어지는가? 그 원인은 공급업체, 유통업체, 소매상점이 대량으로 주문하고 대량으로 수송하기 때문이며, 공장은 생산효율을 높이기 위해 큰 뱃치로 생산하기 때문이다. 이것은 발주 주기를 늘려 공급 리드타임을 키운다.

이런 방식은 부분최적화의 전형적인 모습들이다. 다시 말해서 공급사슬의 각 요소들이 부분최적화에 머무르기 때문에 공급리드타임은 길어지고, 공급리드타임이 길어질수록 수요예측에 더 의존하게 된다.

결론적으로 수요예측에 의존하는 재고관리 방식은 공급사슬 각 구성요소들의 부분최적화가 모여서 만들어 낸 최종 산출물이다. 아래 (그림 2.2)는 이와같이 재고관리가 수요예측에 의존할 수 밖에 없는 상황을 요약하여 보인다.

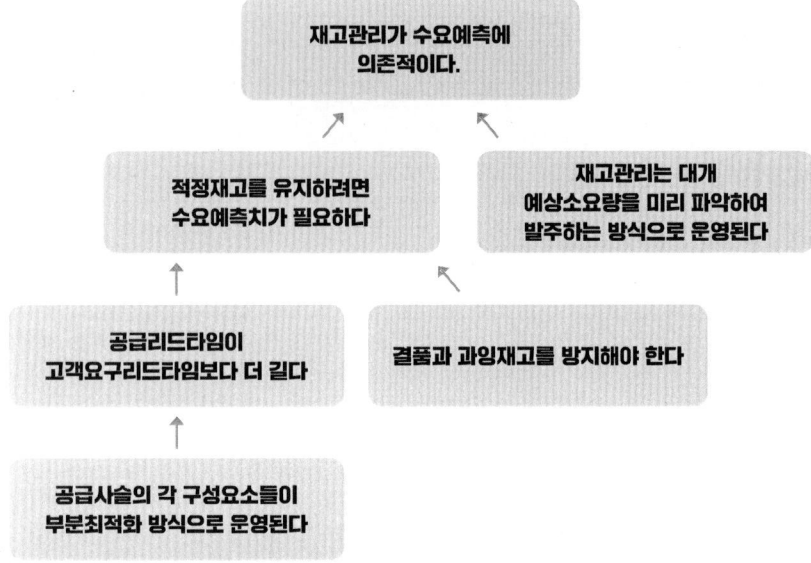

(그림 2.2) 재고관리가 수요예측에 의존하는 이유

　그렇다면 수요예측에 매달리지 않고 재고를 관리할 수 있는 방법은 무엇인가? 우리가 만약 공급리드타임을 고객요구 리드타임보다 짧게 만들 수 있다면, 우리는 수요예측에 대한 의존도를 낮출 수 있다. 설령 공급리드타임이 고객요구 리드타임보다 길더라도 그 차이가 작을수록, 우리는 예측오차를 더 줄일 수 있고, 예측오차가 발생하더라도 대응책을 보다 더 신속히 마련할 수 있다.

　재고관리는 수요예측의 정확도를 높이려는 노력보다 공급리드타임을 줄이려는 노력으로 진행되어야 한다. 공급리드타임을 줄이려면 공급사슬 각 구성요소들이 부분최적화를 떠나서 공급사슬의 전체최적화를 도모해야 한다. 그렇다면 공급사슬의 전체최적화를 도모하고 수요예측에 매달리지 않는 재고관리는 어떤 것인가?

## 2.4
## '재고회전율'은 해결책이 아니라 목표에 불과하다

    재고관리가 제대로 되지 않으면 결품과 과잉재고라는 두 가지 현상이 공존한다. 재고관리는 결품방지뿐만 아니라 재고감축에도 효과가 있어야 한다. 이것은 서로 반대 방향으로 뛰는 두 마리 토끼를 잡는 일과 같다. 결품을 방지하는 최소 재고수준을 산출하는 일, 그것은 '적정재고' 수준을 결정하는 일이며, '재고의 딜레마'를 해소하는 일이 된다.

    적정재고를 말할 때 보통 사용되는 것은 '재고회전율'이다. 이것은 매출원가(혹은 매출액)를 재고자산 금액으로 나눈 값으로, 이 값이 클수록 적은 재고로 많은 매출을 달성했다는 뜻이 된다. 그래서 같은 업종의 다른 회사와 이 값을 비교함으로써, 나의 재고자산이 적정재고 수준을 유지하고 있는지 가늠해 볼 수 있다.

    많은 경우에 기업들은 '재고회전율을 높이자!'는 경영목표를 설정한다. 특히 유통업에서는 높은 재고회전율이 곧바로 경영실적으로 연결되므로 더욱 강조된다.

그렇지만 어떤 경우에는 이 수치를 높이는 것이 오히려 경영실적을 해칠 수도 있다. 예를 들어, 결품이 많이 발생할수록 재고회전율은 높아진다. 입고되자마자 사용되기 때문이다. 경영자가 무조건 재고회전율 높이기를 독려한다면, 관리자들은 결품을 만들어 버리는 것이 이 수치를 높이는 가장 좋은 방법이라 생각할 것이다. 그러나 재고회전율은 높아지더라도 제때 공급하지 못하는 수량은 늘어나고, 결품이 늘고 매출은 줄어들 것이다. 앞서 언급했듯이, 재고를 많이 보유하지 않는 방법은 결품을 줄이는 것이며, 재고회전율을 높이더라도 결품을 동시에 줄여야 한다.

사실 재고회전율 값으로는 품목별 재고수준을 가늠할 수 없다. 이 수치는 재고자산을 구성하는 모든 품목을 합하여 계산한 값이기 때문이다. 또 설령 품목별로 재고회전율을 정해둔다 하더라도 이것은 하나의 목표치에 불과하며, 재고를 운영하는 방법을 알려주는 것은 아니다. 자동차로 말하자면, 이것은 연비 측정에 해당하며 엔진 개선은 아니다.

높은 재고회전율은 경영의 성공적 성과라 말해도 틀린 말은 아니다. 그렇지만 이런 성과를 달성하려면 실무적이고 구체적인 방법이 고안되어 실행되어야 한다. '무엇?'뿐만 아니라 '어떻게?'에 대한 구체적인 대답이 필요하다. 적정재고를 운영하기 위해서는 발주량과 발주시기를 정해야 하며, 이 책은 여기에 대한 '어떻게?'를 준비해 두고 있다.

## 2.5
## '재고의 딜레마'를 해소하는 보충시스템

우리는 '재고의 딜레마'를 근본적으로 해소할 수 있는 방법을 찾고 있다. 그것은 전체최적화의 재고관리라고 말할 수 있는데, 재고보충시스템이 그 해결책이 된다.

재고보충이란 재고가 사용되거나 출하된 후에 다시 재고수준을 높이는 일이며, 실제적으로는 발주량과 발주시기에 의해 재고수준을 관리하는 일이다. 이 책의 대부분은 이러한 재고보충 업무를 시스템적으로 처리하는 재고보충시스템(앞으로는 줄임말 '보충시스템'으로 표기한다)의 내용들을 설명하고 있다.

앞의 2.2절에 있는 (그림 2.1) '재고의 딜레마' 다이어그램을 다시 보자. 다시 보면서 전체최적화 관점에서 재고관리의 방향을 찾아보고, 이 딜레마의 해소 방향도 알아 보자. 이를 위해 가정(assumption)들을 추가하여 이 그림을 (그림 2.3)과 같이 다시 작성하였다.

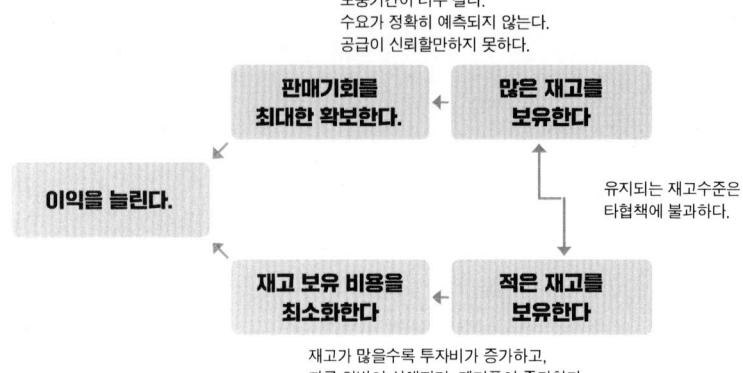

(그림 2.3) 가정이 표현된 '재고의 딜레마' 다이어그램

(그림 2.3)의 의미는 다음과 같다:
- 재고를 많이 보유하려는 의도는 판매기회를 최대한 확보하기 위함인데, 그 이유는 보충기간이 너무 길고, 수요가 정확히 예측되지 않으며, 공급이 신뢰할만하지 못하기 때문이다.
- 이에 반하여, 재고를 적게 유지하려는 생각도 있는데, 이것은 비용과 현금을 통제하기 위함이며, 재고가 많을수록 투자비가 증가하고, 자금 압박이 심해지며, 폐기품이 증가하기 때문이다.
- 그렇지만, 현재 유지되고 있는 재고수준이 과연 적정수준인지 확실하지 않으며 어정쩡한 타협책의 결과에 불과하다고 여겨진다. 그래서 어떻게 해야할지 갈등을 겪고 있다.

이와 같은 '재고의 딜레마'를 해소하려면 우리는 무엇을 어떻게 해야 하는가? 해결의 초점은 재고를 적게 유지하면서 동시에 판매기회를 최대한 확보할 수 있게 만드는 것인데, 이것은 한마디로 필요한 시기에, 필요한 수량의 재고를 보유하려는 것이다.

이런 초점에서 볼 때, 우리의 해결책은 재고를 많이 보유하려는 이유 세 가지가 더 이상 이유가 되지 않게 만드는 대책에 있다. 이 대책은,

- 보충기간을 짧게 한다.
- 수요예측의 정확도를 높인다.
- 공급의 신뢰도를 높인다.

이다.

과연 이런 일들을 가능케 하는 대책들이 어떻게 마련될 수 있을 것인가? 바로 이것이 이 책의 주제이며, 지금부터 설명하려는 것도 바로 여기에 관한 내용들이다.

우리가 제시하려는 대책들은 현실적으로 서로 상충되는 점이 없도록 설계되어야 한다. 보충기간을 줄이더라도 큰 투자가 없고 수익성을 손상시키지 않아야 한다. 또 수요예측의 정확도를 높여야 하지만 고가의 수요예측 시스템을 도입하는 것은 피해야 한다. 또 공급자의 신뢰성을 높여야 하지만 공급자를 교체하거나 강요하는 것은 올바르지 않다.

우리는 이런 대책들을 보충시스템의 활용 관점에서 제시하려고 한다. 과연 보충시스템이 이런 대책들을 제공할 수 있을 것인가? 이에 대한 답변은 보충기간의 단축, 적정재고수준의 설정, 수요 변동에 대한 대응책으로 설명될 것이다.

## 2.6 현업의 재고보충 제도들

현업에서는 재고보충을 후(後)보충, 재(再)보충이라 부르기도 하며, 이와 관련된 것으로 두 상자(two-bin) 시스템, CRP(Continuous Replenishment Planning), VMI(Vender Managed Inventory), CMI(Co-Managed Inventory) 등과 같은 용어들이 사용되고 있다.

그렇지만 이런 보충 제도들은 보충시스템을 운영하는 사무처리와 정보공유 제도에 머무르는 것이며, 발주량과 발주시기를 정하는 방법을 제공하는 것은 아니다. 그러므로 CRP, VMI 그리고 CMI 등이 효과적으로 운영되기 위해서는 먼저 효과적인 보충시스템이 설계되어야 한다.

현재 사용되고 있는 보충 제도들을 더 자세히 알아보자.

두 상자 시스템은 사무를 간소화시키기 위해 주문점과 발주량을 동일하게 정해 둔 것이다. 한 품목을 두 상자에 보관한 후, 한 상자에 보관된 것을 꺼내 쓰다가, 그것이 비워지면 다른 상자에 있는 것을 꺼내 쓰기 시작한다. 그리고 빈 상자를 채우도록 주문한다. 상자의 크기가 주문점과 발주량을 정해주고 있다. 이 시스템은 저가 품목, 조달기간이 짧은 표준품, 사무용품 등에 유용하다. 휴지걸이가 두 개 있는 화장실이 바로 이 시스템의 사용 예이다.

CRP는 보충시스템이라기 보다 이것을 운영하는 제도를 지칭하는 말이다. 판매할 물품의 재고를 관리하는 사무처리의 절차와 제도를 말하며, 물품이 판매되거나 소비되는 곳의 재고를 보충하고 운영하는 방법을 지칭한다. 그러므로 CRP를 운영하기 위해서는 구체적인 발주량과 발주시기가 정해져야 한다. 우리가 앞으로 다루려는 보충시스템은 발주량과 발주시기를 정하는 방법이다.

CRP에서는 공급자와 사용자가 판매 데이터나 수요에 관한 정보를 공유하면서 서로 협력한다. 재고 및 판매 데이터를 주고 받으며, 제품별 과거 판매기록에 따라 통계적 방법을 적용하여 보다 정확한 수요 예측량을 생성한다. 이러한 정보 공유는 주문리드타임을 단축시키고 수요예측의 정확도를 높일 수 있다.

CRP는 공급사슬에서 각 구성원들이 상호 협력하여 추진하는 활동이기 때문에 서로간 다음과 같은 개선효과를 기대할 수 있다.

- 공급사슬의 재고유지비용 감소
- 공급리드타임의 단축
- 공급의 정확도 향상
- 결품방지
- 고객 서비스 향상

CRP의 이런 효과를 기대하려면, 공급 상황에 대한 정보를 충분히 활용할 수 있고, 리드타임의 편차를 줄이고, 수요 변동과 사업환경 변동에 대처하는 의사결정체계를 마련하는 것이 필요하다. CRP 시스템이 제대로 시행된다면, 재고수준에 대한 변동과 생산량의 가변성을 최소화하여 규칙적인 재고·생산 활동을 도모함으로써, 결품 방지와 과잉재고 감축에 도움이 된다.

VMI와 CMI는 CRP의 운영제도의 차이에 따라 구분된 용어이다.

VMI는 공급자가 스스로 적정 납품량을 결정하여 판매자에게 납품한다. 공급자가 판매자의 수요 정보 및 재고 정보를 분석하고 수요예측하여, 판매자의 재고관리 기능을 대신 수행한다.

흔히 볼 수 있는 VMI는 부품공급자가 모기업에 공급하는 자재를 관리하는 것이다. 부품공급자는 모기업의 생산계획을 파악하고 그 부품 소요량이 적시에 공급되도록 모기업 창고에 미리 보관시킨다. 그리고 납품 대금은 모기업이 사용한 수량에 대해서만 결제 받는다.

또 유통업체의 상품 재고를 제조업체가 관리해줄 때에도 VMI 방식을 사용할 수 있다. 제조업체는 소비자 수요에 맞추어 유통업체에 상품을 공급하며, 만약 유통창고에 재고가 충분하면 공급하지 않는다.

CMI도 전반적인 업무 처리의 구조는 VMI와 다를 바 없지만, 공급자와 사용자가 공동으로 수행한다는 점이 다르다. VMI는 공급자가 스스로 납품 내용을 확정하여 사용자에게 물품을 공급하는데 반하여, CMI는 공급자가 사용자와 상의한 후 납품 내용을 확정한다.

## 2.7
## 보충시스템은 공급사슬경영(SCM)을 운영한다

　우리는 결품과 과잉재고의 발생이 생산-재고-판매의 과정에서 매우 중요한 문제라는 것을 확인하였다. 그것이 유통망의 상품이든, 공장의 완제품이든, 혹은 비축 원부자재이든, 결품과 과잉재고의 문제를 해결하는 것이 재고관리의 과제임을 알았으며, 재고관리는 결국 적정재고 수준을 정하고 이를 운영하는 방법임을 강조하였다.

　적정재고의 유지는 판매와 생산 활동 사이에서 큰 역할을 한다. 판매량이 변동할 때 재고수준이 달라지고 이를 근거로 생산량이 조정된다. 재고를 활용함으로써 생산활동의 안정을 도모하면서 고객의 수요에 공급할 수 있는 능력이 커진다. 뿐만 아니라 물류 관련 비용의 절감을 도모할 수 있다. 적정재고의 운영은 이렇게 공급사슬(Supply Chain)의 각 구성 고리들을 단단히 연동시킨다.

　SCM(Supply Chain Management)은 공급사슬을 효과적으로 운영하려는 경영시스템이다. SCM은 공급사슬의 재고를 통제하여 판매와 생산을 연결시킨다. 판매/유통부문에서 현재 어떤 물건이 얼마나 팔리는지, 앞으로 얼마나 더 팔릴지 파악하여 생산/공급 부문에 알리면, 생산/공급부문은 재고계획과 생산계획을 수립한다.

SCM을 구현하기 위해서는 여러가지 도구들이 필요하며, 그 중에서도 정보통신기술, 물류개선장비 등은 중요한 역할을 한다. 그러나 SCM에서 빠질 수 없는 것은 적정재고 유지를 위한 의사결정시스템이다. 그 이유는 SCM의 기능이 매출에 필요한 품목을 적시적소에 공급해주는 데 있으며, 이 목표는 결국 적시적소에 적정재고를 보유함으로써 달성되기 때문이다.

SCM이 구축된 곳은 많으나 효과적으로 운영되고 있는 곳은 그리 많지 않다. 이 부문의 관리자, 감독자, 직원들의 의견을 들어보면 대개 다음과 같은 말이 나온다.

- 수요예측 시스템이 엉망이다.
- 재고관리자가 재고 현황 파악을 소홀히 한다.
- 구매에서 어떤 품목은 넘치게, 어떤 것은 부족하게 조달한다.
- 영업/판매에서 제공해주는 정보가 부족하다.
- 고객의 변덕이 심하다.

이것들은 수요의 변동성, 공급의 불확실성에 대응하는 것이 미흡하여 나타나는 증상들이다. 이런 증상들을 한마디로 표현하여 SCM에서는 채찍현상(Bullwhip Effects)[1]이라 불리고 있다. 이런 증상들, 즉 채찍현상은 긴 리드타임, 수요예측에 의한 운영, 대량 주문 등에 그 원인이 있다고 알려져 있다.

---

1 채찍현상이란 공급사슬의 윗단계, 즉 소매업체 -> 도매업체 -> 제조업체 -> 공급업체로 올라갈수록, 최종소비자의 수요변동이 점점 더 큰 주문량으로 증폭되는 현상을 말한다. 이런 증폭현상 때문에 SCM의 많은 문제점들이 야기된다.

그러면 이런 문제들을 어떻게 해결할 것인가? 물론 리드타임 단축, 수요예측 정확도 향상, 소량 주문이 그 해결책이 될 것이다. 그렇지만 리드타임 단축, 수요예측 정확도 향상, 소량 주문은 어떻게 실현시킬 것인가? 정작 우리에게 필요한 것은 이들의 구현 방법이다.

이런 일들을 하나씩 따로 구현하려는 것은 현명하지 못하다. 헛수고와 재발을 방지하려면 채찍현상 발생의 근본원인을 찾아 해결책을 마련해야 한다.

우리는 미흡한 SCM의 근본원인, 즉 채찍현상 발생의 근본원인이 판매부문과 생산부문의 협력이 원활하지 못하기때문이라고 분석한다. 이 협력은 정보 공유뿐만 아니라 계획 수립 영역까지 포함한다. 판매계획과 생산계획의 협력 관계를 (표 2.2)의 방법과 (표 2.3)의 방법을 비교하면서 확인해 보자.

(표 2.2) 판매계획과 생산계획 수립의 전통적 방법

|  | 12월 | 1월 | 2월 | 3월 | 4월 | 5월 |
|---|---|---|---|---|---|---|
| 판매계획 |  | 100 | 110 | 100 | 100 | 120 |
| 생산계획 |  | 110 | 130 | 110 | 120 | 145 |
| 재고계획 |  | 30 | 20 | 20 | 30 | 30 |
| 실제 판매량 |  | 130 | 120 | 110 | 125 | 150 |
| 월말재고 | 20 | 0 | 10 | 10 | 5 | 0 |

이 표는 판매량을 먼저 계획하고, 이 계획에 맞추어 생산계획과 재고계획을 수립하는 과정을 보이고 있다. 재고계획은 (전월 월말재고 + 생산계획 - 판매계획)으로 계산된다. 즉, 1월의 판매계획이100일 때, 1월 생산계획이 110개이면 1월 말 재고계획량은 20+110-100=30개이다.

그런데 실제 월말재고는 실제 판매량과 실제 생산량에 따라 달라지며, 실제 월말재고= (전월 월말재고 + 실제 생산량 - 실제 판매량)으로 계산된다. 만약 1

월의 실제 판매량이 130이었고 생산계획대로 생산했다면, 1월 말 재고는 (110+20-130) = 0이 된다.

그런데 만약 1월의 재고가 0이 되는 것은 바람직하지 않은 상황이라면, 1월 생산계획 110개는 잘못 수립된 계획이 되고 만다. 그 책임은 수요예측의 부정확(판매계획은 100, 실제 판매량은 130)에 있지만, 그렇다고 생산계획자의 책임이 없어지는 것은 아니다.

이처럼 판매계획이 변경되면 생산계획도 따라서 변경되어야 한다. 그렇지만 무작정 변경할 수는 없고 수요예측의 정확도나 재고의 상황도 감안해야 한다. 판매계획과 연결되어 있어 독자적으로 계획을 수립할 수도 없고, 그렇다고 결품/과잉재고의 책임을 떠 넘길 수도 없다.

어떤 경우에는 서로 책임 공방이 벌어질 수 있다. 협력을 도모할 수 있는 책임과 권한이 분명하지 않다는 말이다. 서로 밀접하게 연관되어 있는 계산과정이 오히려 상호 협력을 방해한다. 지나치게 가까운 사이가 오히려 우호관계를 해치는 결과와 유사한 상황이다

그렇다면 판매계획과 생산계획의 연결을 존중하면서, 협력을 증진시키고 결품/과잉재고에 대한 책임공방에서 벗어날 수 있는 방법은 없을까? 그것은 각자 적절한 거리를 두고 계획을 독립적으로 수립하는 것에서 해답이 나올 수 있다. 적절한 거리가 우호관계를 더 돈독하게 만들 수 있다는 말이다.

여기서 '목표재고'란 개념을 도입하면, 그런 방법의 길이 열린다. 목표재고는 재고통제를 위해 정해두는 관리용 수치이다. 아래 (표 2.3)에서 판매계획을 반영하면서 목표재고에 맞추어 생산계획 수립하는 과정을 보자.

〈표 2.3〉 목표재고 기준의 생산계획 수립 방법

|  | 12월 | 1월 | 2월 | 3월 | 4월 | 5월 |
|---|---|---|---|---|---|---|
| 판매계획 |  | 100 | 110 | 100 | 100 | 120 |
| 목표재고 |  | 150 | 150 | 150 | 150 | 150 |
| 생산계획 |  | 130 | 130 | 120 | 110 | 125 |
| 실제 판매량 |  | 130 | 120 | 110 | 125 | 150 |
| 월말재고 | 20 | 20 | 30 | 40 | 25 | 0 |

생산계획 수량은 (목표재고 - 전월 월말재고)로 정하는데, (전월의 실제 판매량)과 같은 값이다. 예를 들어, 2월 생산계획은 (목표재고150) - (12월말재고20) = 130인데, 1월의 실제 판매량도 130이다.

여기서 월말재고는 (목표재고 - 실제 판매량)으로 계산되며, 이 계산식에 의해 1월 말 재고는 (150-130) = 20이 된다.

그러므로 생산계획은 당월의 판매계획과 독립적으로 수립된다. 그렇더라도 (전월의 실제 판매량)으로 정해지므로 판매실적을 반영하고 있다. 판매계획이 갑자기 바뀌더라도 생산계획을 굳이 수정하지 않아도 좋다. 이런 방법은 수요예측에 의존하기보다는 실제 실적에 기반을 두는 계획이며, 수요예측의 불확실성에 매달리지 않고 현실의 상황에 대응하는 방법이다[2]. 다시 말해서 판매계획의 불확실성 또는 수요예측의 오류가 생산계획에 미치는 영향을 차단시켜 생산계획 변동을 최소화시킬 수 있다[3].

---

[2] 수요예측이 불필요하다는 의미는 아니다. 수요는 중장기 수요나 추세(trend)를 예측하고, 단기 변동의 예측에 의존하지 않는다는 뜻이다. 이 내용은 4.6절에서 설명된다.
[3] 이것을 비동조화(Decoupling)라 한다. 마치 지진의 영향을 차단시켜 건물의 흔들림을 최소화시키려는 내진설계와 같다. 이것은 34장에서 더 상세히 설명된다.

재고의 통제도 더 수월해진다. 목표재고가 통제의 기준을 제시하며, 실제 월말재고가 목표재고에 의해 관리될 수 있기 때문이다. 재고의 추이를 관찰하면서 목표재고를 적절히 조정하면 과잉재고나 결품을 방지할 수 있다.

SCM이 성공하려면 재고가 합리적으로 통제될 수 있어야 한다. 합리적인 재고통제의 비결은 '목표재고'를 운영하는 데 있다. 목표재고가 실제 소비량을 기준으로 생산계획을 수립할 수 있는 길을 열어 주며, 생산계획을 판매계획의 불확실성으로부터 보호한다. 판매계획과 생산계획을 상호 독립적 수립할 수 있게 하며, 이것이 오히려 상호 협력의 디딤돌로 작용하게 만든다. SCM에서 이런 목표재고시스템이 성공적으로 구현된다면 채찍현상은 더 이상 발생하지 않을 것이다.

## 2.8
## 보충시스템은 ERP를 살린다

　　ERP(Enterprise Resource Planning)는 '기업자원계획'이라 일컬어지는 경영정보시스템의 하나이다. ERP는 MRP(Manufacturing Resource Planning)가 확장되어 발전하였으며, 제조업의 제조자원 계획 업무를 망라하고 있는데, 지금은 제조업뿐만 아니라 서비스업이나 공공기관에서도 많은 업무들의 경영관리에 활용되고 있다.

　　MRP는 완제품의 주문을 받아 기준생산계획(Master Production Schedule)을 수립하고 여기에 소요되는 자재(원재료나 부품)의 발주계획을 세우는 과정이 주요 내용이다. MPS를 기준으로 필요한 자재의 소요량을 계산하고, 이 소요량이 필요한 시기에 입고되도록 발주한다.

　　MRP는 필요한 자재를 최소 비용으로 적시에 공급받을 수 있도록 계산한다. 그러므로 MRP가 만약 '순수' 주문생산(Make to Order)에서 사용된다면 상당히 효과적인 생산/재고 계획을 수립할 수 있다. 순수 주문생산이라 함은, 모든 자재를 수주 확정 후에 발주하여 생산하는 방식를 말한다. 고객 주문이 확정된 후에 비로소 필요한 부품과 구성품들을 발주하고 굳이 선발주할 필요가 없는 상황이다.

그렇지만 요즈음의 사업에서 순수 주문생산의 경우는 그리 많지 않다. 대부분의 경우 완제품에 대한 고객요구 납기가 자재 구매리드타임보다 더 짧고, 고객은 항상 더 짧은 납기를 바라고 있는데, 이런 상황에서 순수 주문생산만을 고집할 기업이 어디 있겠는가?

순수 주문생산의 이런 한계를 극복하기 위해 사람들은 종종 자재를 선발주한다(2.3절 참조). 그러나 불행하게도 선발주 방식은 MRP를 더 어렵게 만든다. 만약 MRP를 선발주의 도구로 사용한다면, MRP에 기대하는 생산/재고관리의 성과는 얻을 수 없다. 선발주는 예측에 근거하는 것이므로, 예측이 맞지 않은 만큼 계획은 수시로 변경되고 업무상 혼란은 가중되며, MRP시스템은 신뢰있는 자료를 발행하지 못하고 시스템의 기능을 상실하고 만다.

고객요구 납기가 자재 구매리드타임보다 더 짧은 환경에서 MRP가 제 기능을 발휘하려면 보충시스템의 도움이 필요하다. 구매리드타임이 고객요구 납기보다 긴 자재, 공용자재, 그리고 반복적으로 사용되는 자재들을 재고로 비축해 두면 MRP의 기능이 살아날 수 있다.

사실 MRP의 역할에 대해서는 그동안 많은 논란이 있었다. 계획대로 실행되지 않는다, 생산의 혼란을 해소하지 못한다, 계산 로직에 근본적 결함이 있다 등등. 그런데 MRP를 보충시스템으로 보완하면 이런 논란을 어느 정도 잠재울 수 있다. 보충시스템은 MRP기능을 생산성(납기단축, 납기준수, 조립생산성 등) 향상으로 연결시킬 수 있으며, 이 이득을 재고에 투자되는 비용보다 더 크게 만든다. 이에 관한 내용은 참고문헌 Ptak과 Smith(2011)에 상세히 설명되어 있다. 여기서는 다음의 간략한 예제를 통해 그것을 확인해 보자.

매일 2개씩 판매되는 1000원짜리 제품M이 있다고 하자. 이것은 구입가격이 각각 150원인 부품 1, 부품 2, 그리고 부품 3으로 구성되어 있으며, 전체 재료비는 450원(=150원 x 3)이다. 그리고 구매리드타임, 제조리드타임, 생산리드타임이 다음 (표2.4)와 같다.

(표 2.4) 간단한 MRP 예제

|  | 구매리드타임 | 제조리드타임 | 생산리드타임 |
|---|---|---|---|
| 부품1 | 23일 | | |
| 부품2 | 15일 | | |
| 부품3 | 8일 | | |
| 제품M | | 10일 | 33일(=23+10) |

만약 제품M을 순수 주문생산 방식으로 생산하여 납품하며, 자재를 선발주하지 않는다면, 생산리드타임은 33일이 된다. 3개의 부품중 구매리드타임이 가장 긴 것이 23일이고 여기에 제조리드타임 10일을 더한 기간이다.

고객의 요구납기가 33일 이상이라면, 수주 이후에 발주하더라도 고객요구에 맞추어 생산/납품할 수 있다. 그렇지만 만약 고객의 요구납기가 33일 이내, 예를 들어 25일이라면, 부품1은 제품M의 생산계획이 확정되기 8일 전에 선발주해 두어야 한다.

그런데 이런 경우에도 선발주하지 않고 고객요구납기 25일에 납품할 수 있는 방법은 없을까? 그 답은 다음과 같은 보충시스템을 사용하는 데 있다.

우리는 부품 1의 재고를 비축해 둔다. 비축량은 수요량과 구매리드타임에 비례하는데(구체적인 내용은 제4장에서 상세히 설명된다), 대략 2개/일x 23일 x 2배 정도로 계산하여 92개라 해 두자. 이 재고금액은 13,800원(150원/개 x 92

개)이며 이 정도 투자에 의해 선발주할 필요없이 고객납기 25일을 만족시킬 수 있다.

우리가 만약 적정재고에 의해 고객납기를 33일에서 25일로 단축시킨다면, 이것은 매출증대에 큰 보탬이 되며, 이것으로 생기는 이익은 재고투자 비용에 비하여 훨씬 클 것이다.

## 이해 돕기 문제

2-1 '재고의 딜레마'를 전체최적화의 관점에서 해소하려면, 재고관리가 어떤 원칙에 의해 구현되어야 하는가?

2-2 (그림 2.2)에서 화살표는 인과관계를 표현하고 있다. 즉, 'A -> B'는 '만약 A라면, B이다'의 형식으로 읽을 수 있다. 이 형식으로 (그림 2.2)를 읽으면서 내용을 이해해 보시오.

2-3 공급사슬경영(SCM)의 핵심 이슈는 무엇인가? 또 보충시스템이 이 핵심 이슈를 해결하기 위해 어떤 재고를 관리해야 하는가?

2-4 SCM에서 채찍현상을 제거하기 위한 대책들을 열거해 보시오. 그리고 이런 대책을 실현시키는 근본적인 방법이 무엇인지 말해 보시오.

2-5 ERP(기업자원계획)에서 일반적으로 수행하는 기능은 자재의 소요량을 계산하고 이를 근거로 적절한 구매 조달 계획을 수립하는 것이다. 만약 ERP가 이 기능을 수행한다면 자재의 재고는 발생하지 않는가? 만약 발생한다면 그것을 비축자재(1.6절 참조)라고 말할 수 있는가?

# 제3장
# 보충시스템의 이해

> 목표재고는 20일치로 정했었고 매장에 이미 입고되었죠.
> 이제 당일 매장에서 팔린 만큼만 물류창고에 발주하면 됩니다.
> - 폴은 어떻게 재고관리 해결사가 되었을까?(Isn't It Obvious?), p.86

3.1 보충시스템이란 무엇인가?

3.2 목표재고시스템

3.3 목표재고시스템은 판매-유통-생산-구매를 연결시킨다

3.4 목표재고시스템은 끌어당기기이다

3.5 주문점시스템

3.6 주문점시스템은 밀어내기이다

3.7 어떤 보충시스템을 사용할 것인가?

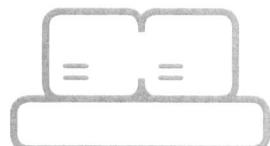

## 3.1
## 보충시스템이란 무엇인가?

'보충'이란 말은 미리 정해놓은 수준까지 가득 채워 넣는다는 뜻이다. 재고를 보충하는 시스템(앞으로 '보충시스템'이라 줄여 적는다)이란 재고 보충의 시기와 수량을 체계적으로 정하고 운영하는 제도를 말한다. 다음 (그림 3.1)을 보면서 보충시스템을 이해해 보자.

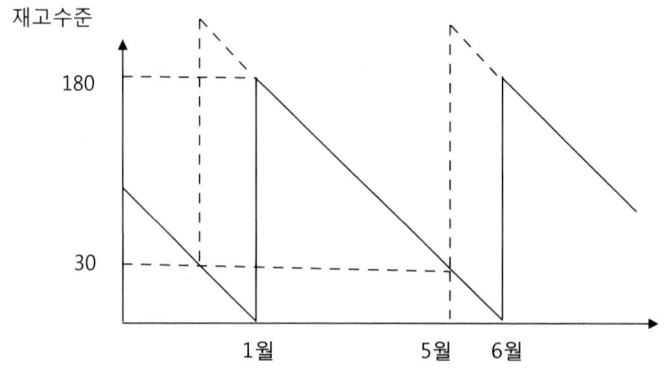

(그림 3.1) 보충시스템의 간단한 모형

(그림3.1)에서, 수요는 매월 30개씩 일정하게 발생하며, 발주 후에 입고될 때까지 걸리는 기간, 즉 구매 리드타임이 1개월이라 하자. 그리고 1회 발주량을 180개로 정해두었다고 하자.

이런 상황에서 고객 수요에 맞추어 부족하지 않게 공급하려면, 재고가 30일 때 보충할 수량 180개를 발주하여 1개월 후에는 입고되어야 한다(이 그림에서 점선으로 표시된 재고수준은 현재재고와 발주량의 합을 나타낸다). 그러면 1개월 리드타임 동안의 고객 수요는 보유한 재고로 공급하고, 재고가 0이 되는 시점에 180개가 입고되어 그 이후 수요에도 원활히 공급할 수 있다. 그리고 5월이 되면 다시 180개를 발주한다. 그러면 발주주기는 6개월이고, 평균재고수준은 발주량의 절반인 90개가 된다.

평균재고수준은 발주주기와 발주량에 따라 달라진다. 발주주기를 3개월로 절반을 줄이고 발주량도 90개로 절반을 줄인다면 평균재고수준이 45개로 줄어든다. 다음 (그림3.2)가 이 변화를 보인다.

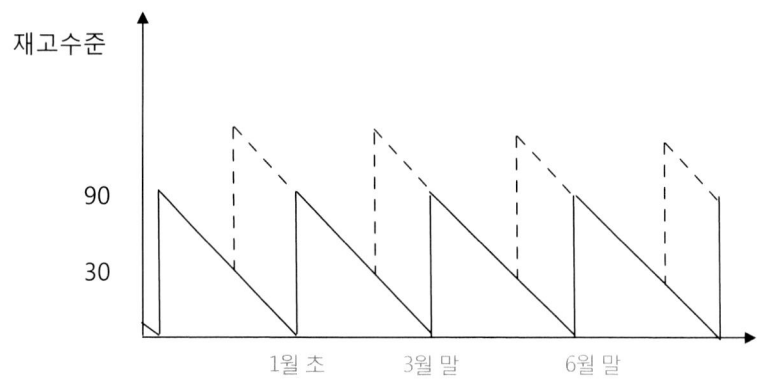

(그림 3.2) 발주주기 3개월 발주량 90개일 때 재고수준의 변화

만약 발주주기를 12개월로 2배 늘려 360개씩 발주한다면 평균재고수준은 180개로 2배 늘어난다.

이처럼 발주주기와 발주량에 따라 재고보유량이 달라지며, 재고관리를 위한 제반 비용도 달라진다. 자주 보충할수록, 즉 발주주기가 짧아질수록 관련 업무는 많아지고 수송비는 늘어날 수 있지만, 반면에 재고유지에 들어가는 비용들은 줄어들 수 있다.

그런데, 현실적으로 위와 같이 수요가 일정하게 발생하는 상황은 매우 드물다. 수요는 변동이 심하고 예측하기 어렵기 때문이다. 또 경우에 따라서는 리드타임도 일정하지 않을 수 있으며 수요 예측마저 어려울 수 있다. 이런 현실을 반영하면 보충시스템은 대략 다음 (그림3.3)과 같은 모습으로 운영된다.

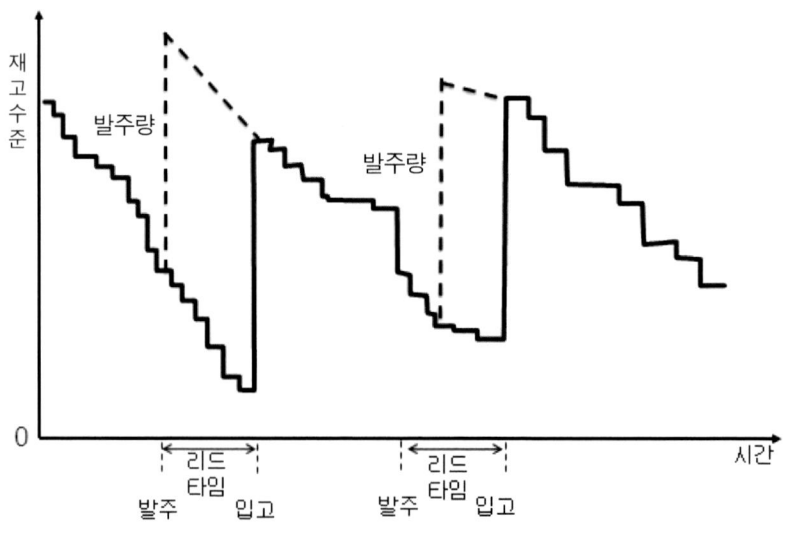

(그림 3.3) 현실적인 보충시스템의 모형

이 그림은 재고수준 변화가 규칙적인 직선이 아니고 불규칙적인 곡선 형태이다. 또 발주주기가 일정하지 않으며, 보충할 때마다 발주량이 달라지는 것을 보여준다.

보충시스템은 발주시기와 발주량을 정하는 방법에 따라 다음 네 가지 모형으로 분류된다. 발주주기 정하는 방법을 정기/비정기로 나누고 발주량 정하는 방법을 정량/비정량으로 나눈다. 비정기 방법은 재고수준이 주문점 이하로 떨어질 때 보충하는 주문점 방식을 주로 사용한다. 그리고 비정량 방법은 목표재고 수준을 정해두고 여기에 미달한 량을 보충하는 목표재고 방식을 주로 사용한다. 이런 구분 방법을 따르면, 보충시스템의 종류는 다음 (표 3.1)과 같이 정리된다.

(표 3.1)보충시스템의 구분

| 발주량＼발주주기 | 정기 | 비정기<br>(주문점시스템) |
| --- | --- | --- |
| 정량 | 정기-정량 | 비정기-정량 |
| 비정량<br>(목표재고시스템) | 정기-비정량 | 비정기-비정량 |

이 책에서는 발주량이 비정량인 것을 '목표재고시스템'이라 표기하고, 발주주기가 비정기인 것을 '주문점시스템'이라 표기한다. 이런 표기법은 두 시스템의 특징을 부각시키기 위해 저자가 편의상 사용하는 것이다.

비정기-비정량 보충시스템은 목표재고시스템이든 주문점시스템이든 어느 것을 사용하더라도 구현시킬 수 있다. 그렇지만 사용되는 시스템에 따라 특성과 기능이 달라진다.

여기서는 목표재고시스템을 먼저 설명하고, 그 다음에 주문점시스템을 설명한다. 이 책의 주안점이 목표재고시스템에 있기 때문이다.

## 3.2
## 목표재고시스템

    목표재고시스템은 목표재고를 정해두고 발주주기 동안에 실제 소비된 수량만큼 발주하는 방식이다. 다시 말하면, 발주주기 동안 실제 소비된 량을 보충한다.
    예를 들어, 어느 상점에서 정기적으로 매주 월요일마다 상품을 발주한다면, 발주주기는 1주이고, 발주량은 지난 주에 판매된 수량이다. 즉 일주일동안 실제 판매된 수량만큼 발주한다. 이제 아래 (그림3.4)를 보면서 목표재고시스템을 더 상세히 설명한다.

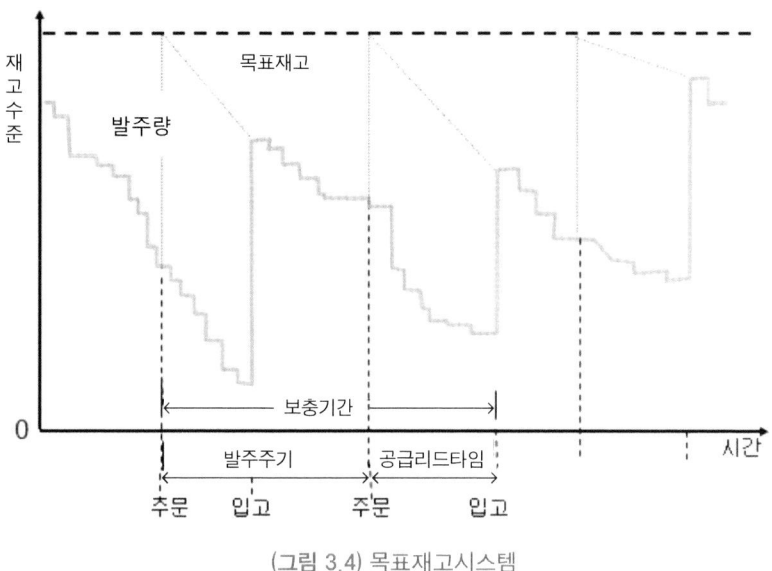

(그림 3.4) 목표재고시스템

먼저 가용재고(available stock)를 다음과 같이 정의해 두자.

가용재고 = 창고재고 + 미입고 발주량 - 확정된 수요

여기서 창고재고(on-hand stock)는 현재 창고에 보유중인 재고를 말하며, 미입고 발주량(open order)은 발주 후 입고예정인 수량을 말한다. 또 확정된 수요는 향후 사용처가 확정된 것으로 미리 할당해 둔 수량이다.

그러면 어느 한 시점에서 발주할 발주량은 다음 식으로 계산된다.

발주량 = 목표재고 - 가용재고

발주량은 발주할 때마다 달라질 수 있는데, 목표재고가 일정하더라도 가용재고는 항상 변동하기 때문이다.

그런데 이 발주량은, 위 그림에서 보이듯이, 발주주기 동안 발생한 실제수요량에 해당한다. 재고를 보충하기 위한 발주량이 직전 발주주기 동안의 판매량으로 정해지는 것을 위 그림이 보여준다.

발주주기는 대개 일정하게 정해두고 운영하지만, 반드시 그럴 필요는 없다. 수요 변동과 현 재고 상태를 보면서 적절히 변경하여 운영할 수도 있다. 이 두 가지 중 어느 것이 더 좋은 방법이라고 단언할 수는 없다.

발주주기를 정해두고 규칙적으로 발주하는 것은 업무를 단순화시키고 편하게 한다. 발주일을 매주 월요일로 정해두면 업무상 혼선을 줄일 수 있다. 그렇지만, 수요변동에 대응하려면 상황에 따라 발주시기를 당기거나 늦추는 것이 더 좋을 수 있다. 재고가 바닥나게 생겼을 때는 한 시간이라도 더 빨리 발주하는 것이 좋다. 결품을 막는 것이 업무상 번거로움보다는 더 중요한 것 아닌가?

이러한 내용을 더 구체적으로 이해할 수 있도록 간단한 예제를 준비하였다. 어느 상점에서 판매하는 상품 Q는 매일 수요가 1~6개씩 발생하며, 매일 발생하는 수요는 아래 (표 3.2)에 '판매량'으로 적혀 있다. 이 상품을 도매상에 구입 발주하면 2일 후에 상점에 입고되는데(구매리드타임이 2일), 2~4일마다 발주하여 재고를 보충한다고 하자. 그리고 목표재고는 대략 다음과 같이 계산하여 사용하고 있다(목표재고를 정하는 구체적인 방법은 4.2절에서 설명된다).

목표재고 = (하루 평균 수요량) (보충기간) + (안전재고)
  = (3.5개/일) (5일) + 4.5개
  = 22개

여기서 보충기간 5일은 평균발주주기 3일과 구매리드타임 2일의 합이며, 안전재고는 개략적으로 정해진 값이다(안전재고 정하는 방법은 다음에 설명한다). 그러면 이 상점의 매일 재고의 변동과 발주량은 다음 (표 3.2)와 같다.

(표 3.2) 목표재고시스템 운영 예제

(발주주기 2·4일, 목표재고 22개)

| 일 | 창고재고 (아침) | 입고량 | 판매량 | 창고재고 (저녁) | 확정된 수요 | 가용재고 | 발주량 |
|---|---|---|---|---|---|---|---|
| 1 | 16 |  | 2 | 14 |  | 20 |  |
| 2 | 14 | 6 | 3 | 17 |  | 17 |  |
| 3 | 17 |  | 4 | 13 |  | 13 | 9 |
| 4 | 13 |  | 6 | 7 | 2 | 14 |  |
| 5 | 7 | 9 | 2 | 14 |  | 14 | 8 |
| 6 | 14 |  | 1 | 13 |  | 21 |  |
| 7 | 13 | 8 | 5 | 16 |  | 16 |  |
| 8 | 16 |  | 1 | 15 |  | 15 |  |
| 9 | 15 |  | 5 | 10 | 3 | 7 | 15 |
| 10 | 10 |  | 2 | 8 | 3 | 20 |  |
| 11 | 8 | 15 | 5 | 18 |  | 18 |  |
| 12 | 18 |  | 2 | 16 |  | 16 | 6 |
| 13 | 16 |  | 4 | 12 |  | 18 |  |
| 14 | 12 | 6 | 2 | 16 |  | 16 | 6 |
| 15 | 16 |  | 5 | 11 |  | 17 |  |
| 16 | 11 | 6 | 2 | 15 |  | 15 |  |
| 17 | 15 |  | 4 | 11 | 4 | 7 |  |
| 18 | 11 |  | 2 | 9 | 4 | 5 | 17 |
| 19 | 9 |  | 6 | 3 | 4 | 16 |  |
| 20 | 3 | 17 | 5 | 15 |  | 15 |  |
| 21 | 15 |  | 3 | 12 |  | 12 | 10 |
| 22 | 12 |  | 6 | 6 |  | 16 |  |
| 23 | 6 | 10 | 3 | 13 |  | 13 |  |
| 24 | 13 |  | 2 | 11 |  | 11 | 11 |
| 25 | 11 |  | 3 | 8 |  | 19 |  |
| 26 | 8 | 11 | 5 | 14 |  | 14 |  |
| 27 | 14 |  | 1 | 13 |  | 13 | 9 |
| 28 | 13 |  | 3 | 10 |  | 19 |  |
| 29 | 10 | 9 | 3 | 16 |  | 16 |  |
| 30 | 16 |  | 2 | 14 |  | 14 | 8 |

이 표에서 발주량은 목표재고 22개에서 가용재고를 뺀 것이며, 발주시기는 상황에 따라 발주주기 2~4일을 불규칙하게 적용한 것이다.

앞서 말했듯이, 여기서 한가지 주목할 점이 있는데, 발주량이 직전 발주주기 동안 실제 판매된 수량과 같다는 것이다. 3일의 발주량 9개는 1~3일의 판매량 2개, 3개, 4개의 합과 같고, 5일 발주량 8개는 4~5일의 판매량 6개, 2개의 합과 같다. 목표재고시스템의 이런 특징은 앞으로 매우 유익하게 활용될 것이다.[1]

---

1  9일의 발주량 15개는 6~9일 동안의 실제 판매량 12개보다 3개가 더 많다. 이것은 9일의 확정된 수요 3개를 추가하여 주문하기 때문이다. 이것은 12일의 주문에서 상쇄된다. 12일의 발주량 6개는 10~12일의 실제 판매량 9개보다 3개가 더 적다.

## 3.3 목표재고시스템은 판매-유통-생산-구매를 연결시킨다

앞에서 보았듯이, 목표재고시스템은 발주주기 동안의 실제 소비량을 발주한다. 즉, 실제 판매량에 맞추어 재고를 준비한다는 뜻이며, 이 특성은 목표재고시스템을 끌어당기기(pull) 방식으로 만든다. 이 방식은 판매-유통-생산-구매의 업무들을 서로 연결시킬 수 있게 하며, 이 연결은 결품을 줄이고 과잉재고를 방지하는 데 큰 역할을 한다.

이런 내용을 자세히 설명하기 위해 앞에서 사용하였던 (표 3.2)의 예제를 다시 사용하자. 다만 설명의 편의를 위해 발주주기를 3일로 일정하게 유지하고 '확정된 수요'는 없는 것으로 간주하여, 다음 (표 3.3)과 같이 운영한다.

(표 3.3) 목표재고시스템 운영 예제

(발주주기 3일, 목표재고 22개)

| 일 | 창고재고<br>(아침) | 입고량 | 판매량 | 창고재고<br>(저녁) | 가용재고 | 발주량 |
|---|---|---|---|---|---|---|
| 1 | 16 |   | 2 | 14 | 20 |   |
| 2 | 14 | 6 | 3 | 17 | 17 |   |
| 3 | 17 |   | 4 | 13 | 13 | 9 |
| 4 | 13 |   | 6 | 7  | 16 |   |
| 5 | 7  | 9 | 2 | 14 | 14 |   |
| 6 | 14 |   | 1 | 13 | 13 | 9 |
| 7 | 13 |   | 5 | 8  | 17 |   |
| 8 | 8  | 9 | 1 | 16 | 16 |   |
| 9 | 16 |   | 5 | 11 | 11 | 11 |

　이런 과정을 영업부의 상품 재고관리 상황에 적용해 보자. 즉, 매일 판매된 수량이 발생하고 이 실제 판매량을 보충하기 위해 공장(또는 유통창고)으로부터 제품을 공급받으려 한다. 이 때, (표 3.3)에서 발주량 대신 공급요구량을 대입해 보면, 이것은 다음 (표3.4)와 같은, 영업부가 공장에 공급을 요청하는 공급요구서 양식이 된다.

(표 3.4) 영업부가 공장에 요청하는 공급요구서

(발주주기 3일, 공급리드타임 2일, 목표재고 22개)

| 일 | 창고재고 (아침) | 입고량 | 판매량 | 창고재고 (저녁) | 가용재고 | 공급요구량 |
|---|---|---|---|---|---|---|
| 1 | 16 |   | 2 | 14 | 20 |   |
| 2 | 14 | 6 | 3 | 17 | 17 |   |
| 3 | 17 |   | 4 | 13 | 13 | 9 |
| 4 | 13 |   | 6 | 7 | 16 |   |
| 5 | 7 | 9 | 2 | 14 | 14 |   |
| 6 | 14 |   | 1 | 13 | 13 | 9 |
| 7 | 13 |   | 5 | 8 | 17 |   |
| 8 | 8 | 9 | 1 | 16 | 16 |   |
| 9 | 16 |   | 5 | 11 | 11 | 11 |

주: 여기서 공급리드타임 2일은 생산리드타임 1일과 수송리드타임 1일을 더한 것이다.

    이렇게 하면, 공장에서는 영업부의 공급요구량에 맞추어 생산계획을 수립한다. 여기서 주목할 것은 영업부의 공급요구량이 실제 판매량이라는 점인데, 이것은 실제 판매량을 생산계획으로 연결시키는 일이 되며, 판매계획을 생산계획으로 직접 연결시키는 것이 아니라는 점이다. 따라서 판매계획이 변경되더라도 생산계획을 굳이 변경할 필요가 없어진다.

    다음 (표3.5)는 공장의 생산계획 수립 양식을 보인다. 이 생산계획표는 앞의 영업부 공급요구서와 동일한 형식이며, 다만 출고량이 공급요구서의 입고량을 그대로 옮겨 적은 것이다. 공장의 출고는 바로 영업부의 입고와 같기 때문이다. 이제 공장의 생산계획은 이 출고량에 맞추어 수립된다. 여기서는 공장의 완제품 목표재고는 10개이며, 생산주기는 1일, 생산리드타임은 1일이라 하자.

(표 35) 영업부 공급요구서에 근거한 공장의 생산계획표

(생산주기 1일, 생산리드타임 1일, 목표재고 10개)

| 일 | 창고재고<br>(아침) | 생산량 | 출고량 | 창고재고<br>(저녁) | 가용재고 | 생산계획량 |
|---|---|---|---|---|---|---|
| 1 | 6 | 4 |   | 10 | 10 |   |
| 2 | 10 |   | 6 | 4 | 4 | 6 |
| 3 | 4 | 6 |   | 10 | 10 |   |
| 4 | 10 |   |   | 10 | 10 |   |
| 5 | 10 |   | 9 | 1 | 1 | 9 |
| 6 | 1 | 9 |   | 10 | 10 |   |
| 7 | 10 |   |   | 10 | 10 |   |
| 8 | 10 |   | 9 | 1 | 1 | 9 |
| 9 | 1 | 9 |   | 10 | 10 |   |

공장의 제2일 생산계획량(6개)은 목표재고 10개에서 가용재고 4개를 뺀 6개이다. 그리고 제3일의 저녁재고는 (아침재고+생산량-출고량)=(4+6-0)=10개이며, 가용재고도 10개이다.

이와 같이 하면, 영업부의 입고계획이 공장의 출하계획으로 연결되고 이 출하계획에 맞추어 공장의 생산계획이 수립된다.

이런 과정은 구매/조달부서의 자재 구매에도 그대로 적용될 수 있다. 다음 (표 3.6)은 실제 생산량에 맞춘 구매지시서 양식이며, 위의 생산계획표와 동일한 형식이다. 여기서 구매주기는 1일, 구매리드타임은 2일, 그리고 목표재고를 20개로 운영한다고 가정하자.

〈표 3.6〉 공장의 생산계획에 근거한 자재 구매계획

(구매주기 1일, 구매리드타임 2일, 목표재고 20개)

| 일 | 창고재고 (아침) | 입고량 | 출고량 | 창고재고 (저녁) | 가용재고 | 구매계획량 |
|---|---|---|---|---|---|---|
| 1 | 13 | 3 | 4 | 12 | 17 | 3 |
| 2 | 12 | 5 |   | 17 | 20 |   |
| 3 | 16 | 3 | 6 | 13 | 13 | 7 |
| 4 | 13 |   |   | 13 | 20 |   |
| 5 | 13 | 7 |   | 20 | 20 |   |
| 6 | 20 |   | 9 | 11 | 11 | 9 |
| 7 | 11 |   |   | 11 | 20 |   |
| 8 | 11 | 9 |   | 20 | 20 |   |
| 9 | 20 |   | 9 | 11 | 11 | 9 |

제1일의 구매계획 3개는 목표재고 20개에서 가용재고17개 (=아침재고+입고량-출고량+2일 입고량)를 뺀 값이다. 여기서 출고량은 공장에서 실제 생산된 수량으로, 여기서는 생산계획표 수량과 동일한 값이다. 자재가 창고에서 출고되는 것은 구매의 입장에서 보면 실제 소비된 수량에 해당한다.

다시 여기서 강조해 둘 것은 자재 구매계획이 공장의 실제 생산량에 근거하여 발주된다는 점이다. 그러므로 생산계획량이 아닌 실제 생산량이 구매계획으로 연결되는 것이며, 따라서 생산계획이 변경되더라도 구매계획을 굳이 변경할 필요가 없어진다.

이해를 돕기 위해 지금까지 설명한 업무 과정을 요약해 보자:

- 영업부가 상품의 실제 판매량만큼 공장(또는 유통창고)에 보충을 요청한다.
- 공장(또는 유통창고)에서는 이 요청량을 근거로 생산계획(또는 출고계획)을 수립하며, 구매부에서는 실제 생산된 수량에 맞추어 부품/자재의 구매계획

(또는 입고계획)을 수립한다.
- 이 과정에서 각 부서에서 설정한 목표재고(영업부 22개, 공장 생산계획 10개, 구매부 20개)가 타 부서 계획에 의존하지 않고 자기 부서 계획을 독립적으로 세울 수 있게 만든다.

이렇게 목표재고시스템은 판매-유통-생산-구매의 업무를 연결시킨다. 목표재고가 각 부문 계획수립의 중간 매개 역할을 하는데, 영업부는 판매된 수량만큼 공장에 생산 요청하고, 공장은 영업부의 요청에 맞추어 출하시킬 수량을 생산하며, 구매부서는 실제 생산된 수량을 따라가며 자재를 구매하여 보충한다.

이러한 판매-유통-생산-구매 업무의 연결은 SCM(Supply Chain Management)의 성과를 높이는 핵심 메카니즘이 되고, 또 S&OP(Sales & Operation)라는 이름으로 추진되는 물류 관련 업무의 핵심 내용에 해당한다.

## 3.4
## 목표재고시스템은 끌어당기기이다

앞 3.3절에서 우리는 판매-유통-생산-구매 계획의 업무들이 목표재고를 매개로 서로 연결될 수 있음을 설명하였다. 이 내용은 끌어당기기 방식의 관점에서 다음과 같이 요약된다:

영업부에서 판매가 발생하면, 유통창고의 재고는 판매량만큼 줄어든다. 그러면 유통창고는 이 판매량만큼 공장(또는 공급자)에 발주하여 재고를 보충한다.

공장창고(또는 공급자)에서는 유통창고에서 요청한 수량을 자신이 보유하고 있는 완제품 재고에서 출하시키고, 이 출하량을 생산계획에 추가한다.

공장은 실제 생산에 소비된 수량만큼 자재를 구매 발주한다.

이런 과정은 판매량이 유통재고, 완제품재고, 자재/부품을 순차적으로 끌어당기면서 물자를 이동시킨다. 이런 과정을 다음과 같은 (그림 3.5)로 알기 쉽게 나타내었다.

(그림 3.5) 끌어당기기 방식에 의한 판매-유통-생산-구매 과정

　판매량이 아래 점선 화살표들을 따라가며 순차적으로 출하-생산-구매 업무를 작동시켜 순차적으로 유통재고-완제품재고-자재재고를 보충시킨다. 그러므로, 이것은 끌어당기기(pull) 방식의 보충시스템이며 유통창고, 공장창고, 공장에서 발주주기 동안의 실제 소비량만큼 재고가 보충된다.

　이 시스템에서는 목표재고가 운영되는데, 목표재고는 재고통제의 기준 수치로도 사용된다. 각 부문마다 별도의 목표재고 수치를 설정하여 독립적으로 시스템을 운영하고, 또 실제 소비량에 근거하여 독자적으로 발주한다. 그러므로 판매계획이 바뀌더라도 생산계획은 바뀌지 않을 수 있고, 생산계획이 바뀌더라도 자재 구매계획은 바뀌지 않을 수 있다. 각 부문마다 목표재고에 따라 재고 유지 수준이 달라지므로, 이것을 설정하고 관리하는 것이 재고를 통제하는 훌륭한 수단이 된다.

　또 목표재고시스템은 한 부문이 다른 부문의 변동성에 직접적인 영향을 받지 않게 만든다. 우리는 이것을 비동조화(非同調化, decoupling)라 말한다. 목표재고시스템을 활용하면 판매계획의 변동성이 생산계획에 영향을 미치지 않도록 차단하는 효과가 있다. 마치 내진설계처럼 지진의 흔들림이 건물에 영향을 미치지 않도록 차단하는 효과와 같다.

　목표재고시스템의 비동조화 효과는 SCM의 채찍현상을 제거시킨다. 이것의 폐단, 즉 소비자의 조그만 수요변동에 과잉반응하여 유통->생산->구매로 갈수록 변동 폭이 커지고 급기야는 자재를 대량으로 발주하는 잘못이 사라지게 된다.

판매부서는 판매계획의 정확도에 대한 부담을 덜어내면서 유통재고의 통제기준을 만들 수 있고, 생산부서는 판매계획에 민감하지 않으면서 완제품재고의 운영기준을 만들 수 있으며, 구매부서는 생산계획에 지나치게 의존하지 않으면서 자재/부품의 재고를 관리할 수 있다. 각 부서의 독립적 업무처리가 오히려 상호 협력을 강화시키는 결과를 얻게 한다. 비동조 끌어당기기 시스템(decoupled pull system)의 위력이다.

결론적으로, 목표재고시스템의 특성을 다음과 같이 요약하여 정리해둔다.

첫째, 비동조 끌어당기기 시스템이다. 발주량을 실제 소비량과 연결시키면서도 각 부서의 업무가 독립적으로 운영된다. 이런 특성은 재고의 본래 기능을 충분히 활용하고 부서간 협력을 이끌어내어 수요변동에 대응할 수 있는 능력을 강화시킨다.

둘째, 발주시기를 정기적으로 미리 정해둘 수 있으므로 관리가 간편해진다. 재고수준을 항상 모니터링할 필요가 없고, 발주시기를 놓칠 염려도 줄어들어 결품이 생겨날 소지를 줄인다.

셋째, 실질적인 의사결정 항목이 목표재고 하나만 있으며, 이것으로 발주량이 쉽게 정해져서 운영하는 일이 단순해진다. 발주시기는 회사 정책이나 수요량에 의해 정해지기 때문에 구매담당자의 고민거리가 되지 않는다. 예를 들면, 품목들을 A, B, C그룹으로 분류하여 매일, 1주일, 1개월과 같이 주기를 정해두면 그만이다. 그러므로 특별한 경우가 아닌 평상시에는 수요량이나 리드타임이 바뀌더라도 목표재고만 조정하면 충분하다. 이로써 재고관리 업무시스템을 구축하는 프로젝트도 비교적 간단해진다.

## 3.5
## 주문점시스템

주문점시스템은 주문점을 정해두고 재고수준이 주문점보다 낮아지면 미리 정해둔 수량만큼 발주하는 방식이다. 예를 들어, 주문점을 30개로 정하고 발주량을 100개로 정해두었다면, 재고수준이 30개 이하가 될 때 100개를 발주한다.

다음 (그림 3.6)을 보자. 이 그림은 주문점시스템의 운영상황을 나타내는데 발주할 때마다 발주량이 다르고 발주시기가 미리 정해지지 않은 것을 보여준다. 발주시기는 재고가 주문점에 다다를 때이며, 이 시기는 수요변동에 따라 달라진다. 수요가 많으면 발주주기가 짧아지고, 수요가 적으면 발주주기는 길어진다.

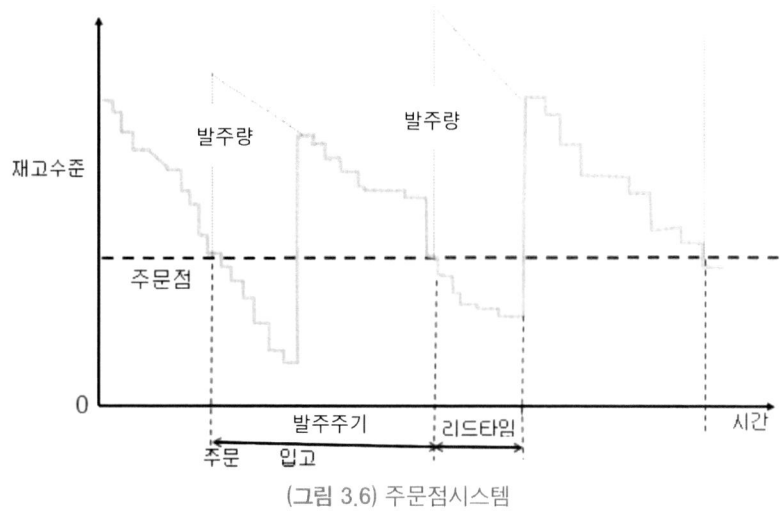

(그림 3.6) 주문점시스템

주문점시스템은 주문점과 발주량에 의해 운영된다. 주문점은 대개 리드타임 동안의 예상 수요량을 산정하고 여기에 안전재고를 더하여 정해진다.

주문점 = 리드타임 동안의 수요량 + 안전재고

예를 들어 평균수요량이 3.5(개/일), 리드타임이 2일, 그리고 안전재고가 5이면 주문점은 12개이다.

실무에서는 주문점을 더 간편하게 계산하여 사용할 수도 있다. 예를 들어, 리드타임 동안 예상되는 수요량의 110%를 산정하고, 여기에 보관 용기의 크기를 감안하여 정하기도 한다. 흔히 사용되는 '두 상자(two bin)' 방식도 주문점 시스템이다. 두 상자에 자재를 담아둔 후 한 상자가 모두 사용되면 이것을 채우도록 발주하는데, 주문점과 발주량이 한 상자의 크기로 정해진 주문점 시스템이다.

발주량을 정하는 요령은 다양하다. 예를 들어, 과거 판매 실적, 향후 예상 수요량, 생산뱃치의 크기, 재고 투자금액 등이 사용될 수 있다. 발주할 발주량은 대개 일정하게 정해두지만(정량), 반드시 그럴 필요는 없으며, 수요 변동과 현재고 상태를 보면서 적절히 변경하여 운영할 수도 있다(비정량).

정량 방식은 업무를 단순화시키고 편하게 하며 업무상 혼선도 줄일 수 있다. 그렇지만, 수요변동에 대응하려면 상황에 따라 발주량을 늘리거나 줄이는 비정량 방식이 더 좋을 수 있다. 수요 증가가 예상되면 발주량을 늘리고, 수요 감소가 예상되면 줄이는 것이 당연한데, 구매담당자의 업무는 더 많아지고 복잡해진다.

주문점시스템의 운영 절차를 설명하기 위해 (표3.2)의 예제를 다시 사용해 보자. 상품 Q의 수요는 매일 1~6개이며, 구매리드타임은 2일이고, 실제 판매량도 그 예제와 같다. 그리고 주문점과 발주량을 다음과 같은 방식으로 정해두었다고 하자.

주문점 = (하루 평균 수요량) (리드타임) + (안전재고)
   = (3.5개/일) (2일) + 5개
   = 12개

발주량 = 수송과 업무의 편의를 위하여 10개로 정해 둠.

그러면 주문점시스템이 다음 표와 같이 운영되며 매일매일 재고의 변동과 발주량은 다음 (표 3.7)과 같다.

〈표 3.7〉 주문점시스템의 운영 예제

(주문점 12개, 발주량 10개, 구매리드타임 2일)

| 일 | 창고재고<br>(아침) | 입고량 | 판매량 | 창고재고<br>(저녁) | 확정된<br>수요 | 가용재고 | 발주량 |
|---|---|---|---|---|---|---|---|
| 1 | 16 | | 2 | 14 | | 20 | |
| 2 | 14 | 6 | 3 | 17 | | 17 | |
| 3 | 17 | | 4 | 13 | | 13 | |
| 4 | 13 | | 6 | 7 | 2 | 5 | 10 |
| 5 | 7 | | 2 | 5 | | 15 | |
| 6 | 5 | 10 | 1 | 14 | | 14 | |
| 7 | 14 | | 5 | 9 | | 9 | |
| 8 | 9 | | 1 | 8 | | 18 | |
| 9 | 8 | 10 | 5 | 13 | 3 | 10 | 10 |
| 10 | 13 | | 2 | 11 | 3 | 18 | |
| 11 | 11 | 10 | 5 | 16 | | 16 | |
| 12 | 16 | | 2 | 14 | | 14 | |
| 13 | 14 | | 4 | 10 | | 10 | 10 |
| 14 | 10 | | 2 | 8 | | 18 | |
| 15 | 8 | 10 | 5 | 13 | | 13 | |
| 16 | 13 | | 2 | 11 | | 11 | 10 |
| 17 | 11 | | 4 | 7 | 4 | 13 | |
| 18 | 7 | 10 | 2 | 15 | 4 | 11 | |
| 19 | 15 | | 6 | 9 | 4 | 15 | |
| 20 | 9 | 10 | 5 | 14 | | 14 | |
| 21 | 14 | | 3 | 11 | | 11 | 10 |
| 22 | 11 | | 6 | 5 | | 15 | |
| 23 | 5 | 10 | 3 | 12 | | 12 | |
| 24 | 12 | | 2 | 10 | | 20 | |
| 25 | 10 | 10 | 3 | 17 | | 17 | |
| 26 | 17 | | 5 | 12 | | 12 | 10 |
| 27 | 12 | | 1 | 11 | | 21 | |
| 28 | 11 | 10 | 3 | 18 | | 18 | |
| 29 | 18 | | 3 | 15 | | 15 | |
| 30 | 15 | | 2 | 13 | | 13 | |
| 평균 | | | 3.3 | | | | |

이 표처럼, 가용재고가 12개 이하로 떨어질 때마다 10개를 발주하여 보충한다. 이것을 다른 말로 표현하면, 가용재고가 12개에 도달할 때까지 기다렸다가 10개를 발주한다는 뜻이다. 기다렸다가 발주하는 이유는 발주량이 클수록 더 편리하고 비용도 절감될 것으로 생각하기 때문이다.

주문점시스템은 기업 실무 현장에서 많이 사용되고 있다. 예를 들어 비축생산(Make to Stock) 환경에서 생산지시를 내릴 때에도 흔히 사용된다. 앞서 1.5절에서 소개하였던 예제(공장에서 완제품재고를 감안한 생산 우선순위 결정)인 (표 1.5)를 다시 보자.

이 (표 1.5 )에 의하면 제품 C의 공장창고의 완제품 재고가 400개일 때 100개짜리 한 뱃치를 우선적으로 생산한다는 것이다. 이것은 주문점 400, 보충 발주량 100개인 주문점시스템에 해당한다. 또 1.5절에서 소개하였던 부품이나 자재의 비축재고를 구매하는 것도 마찬가지로 주문점시스템에 해당한다.

이처럼 현재 실무에서 적용되고 있는 보충시스템은 대부분 주문점 방식이라 말하여도 틀리지 않다. 이 방식이 지난 1900년대 초 EOQ 방식이 제안된 이래 여러가지 변형이 거듭되면서 지금도 사용되고 있다.

## 3.6
## 주문점시스템은 밀어내기이다

앞에서 보았듯이, 주문점시스템은 재고수준이 주문점 이하로 떨어지면 미리 정해둔 수량을 주문하는 방식이다. 그러므로 발주시기는 향후 발생할 수요에 의해 결정되며, 수요가 많을수록 발주시기가 빨라진다.

발주량은 향후 발생할 수요와 발주비용에 의해 정해진다. 수요가 클수록, 또 발주비용(수송비,생산비 등)이 클수록 1회 발주량은 커진다. 수요의 크기는 예측치를 사용하지만, 예측 오차는 피할 수 없다. 재고관리자는 발주량을 가능한 큰 뱃치로 편성하려는 경향이 있는데, 1회 발주량이 커질수록 재고품의 1단위당 비용이 감소하고 결품의 염려도 줄어들기 때문이다.

이제 이 주문점시스템을 판매-유통-생산-구매의 과정에 적용해 보자. 다음 다이아그램은 그 업무처리 과정을 간략하게 표현한 것이다.

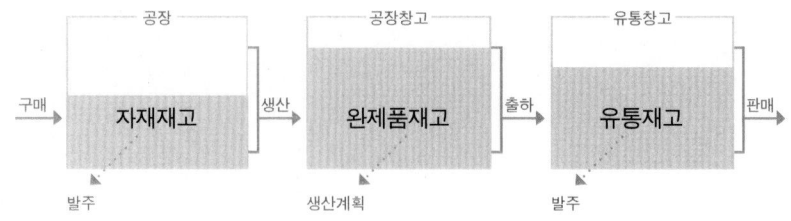

(그림 3.7) 주문점시스템에 의한 판매-유통-생산-구매 과정

    유통창고에서는 현재의 팔림세와 향후 판매 전망을 고려하여 주문점과 발주량을 정해두고 공장에 공급 요청한다. 즉 재고수준이 주문점 이하로 떨어지면 공장에 발주하여 재고를 보충한다.

    공장창고에서는 유통창고에서 요청한 수량을 자신이 보유하고 있는 완제품 재고에서 출하시킨다. 그렇더라도 곧바로 공장에 생산을 요청하지는 않는다. 공장창고의 재고수준이 주문점 이하로 떨어지는 것을 본 후에 생산 뱃치만큼 공장에 생산 요청한다.

    공장은 공장창고의 요청을 받아 생산계획을 수립한다. 그리고 구매부서는 생산에 필요한 자재나 부품의 재고수준을 관찰하면서, 주문점 이하로 떨어지면 비로소 발주한다.

    이렇게 주문점을 기준으로 판매-유통-생산-구매의 업무를 처리하면 물자의 이동이 각 단계마다 별도의 주문점과 발주량에 의해 실행된다. 각각 독립적으로 수요를 예상하여 자신의 발주시기와 발주량을 정하며, 판매량이나 실제 소비량을 곧바로 반영하지 않는다. 그저 각 단계마다 독자적으로 재고를 유지하면서 다음 단계로 내보낼 뿐이다. 주문점시스템은 판매량과 유통재고, 완제품 재고, 자재/부품 사이의 연결이 강하지 않고 느슨하다. 이러한 형태를 우리는 밀어내기(push) 방식의 보충시스템이라 말한다.

    이 시스템을 더 자세히 알아보자. 위 (표 3.7)의 예제에서 발주량은 판매량과 그다지 관련이 없다. 1~4일 동안 판매된 수량은 17개(확정된 수요 2개 포함)이지만, 4일에 발주한 수량은 10개이다. 마찬가지로 5~7일 동안 판매된 수량이 8개이지만, 6일의 발주량은 10개이다.

　이런 특성은 재고의 기능을 약화시킨다. 재고를 유지하려는 것은 수요의 변동에 대비하려는 것인데, 재고를 보충할 때 판매량, 즉 수요량과 관련 없이 발주량을 정하는 것은 재고가 수요변동에 대응할 수 있는 능력을 약화시킨다.

　또 이 시스템을 사용하면 생산계획이나 구매계획이 판매실적(수요)과 연결되지 못한다. 생산계획 수립의 경우를 보면, 판매실적과 상관없이(예를 들어, 단순히 가동율 향상만 고려하듯이) 생산량을 정하는 것이고, 구매계획 수립의 경우는 생산량과 상관없이(예를 들어, 단순히 할인가를 적용받기 위하여) 구매량을 정하는 것이 된다. 생산량, 구매량이 생산부서, 구매부서 자신의 비용감소에만 초점을 맞추어 정해진다. 이것은 전형적인 부분최적화 방식에 해당한다.

## 3.7
## 어느 보충시스템을 사용할 것인가?

많은 사람들은 어느 보충시스템이든, 즉 그것이 목표재고시스템이든 주문점시스템이든 큰 차이가 없다고 말할지 모른다. 결품을 예방하거나 과잉재고를 줄이는 데에 그 효과가 크게 차이나지 않는다고 생각할지 모른다.

그런데 우리가 지금까지 설명한 두 가지 보충시스템 사이에는 상당한 차이가 있다. 운영방법 뿐만 아니라 목적과 용도도 다르다. 이 시스템을 상황에 맞게 잘 선택하는 것은 매우 중요하다.

우리가 재고 보충시스템을 선택할 때, 먼저 결품과 과잉재고를 방지하려는 욕구가 어느 정도인지 스스로 확인해 보는 것이 필요하다. 현재 결품과 과잉재고로 겪고 있는 고통이 얼마나 큰가? 이것들을 줄이고 싶은 욕구는 있는가? 그 크기는 어느 정도인가? 상황에 따라 이 목표에 대한 욕구가 다를 수 있으므로 여기에 맞는 보충시스템의 선택이 요구된다.

만약 이 욕구가 크다면 목표재고시스템을, 그리고 만약 그리 크지 않다면 주문점시스템을 사용하는 것이 바람직하다.

그 다음으로 보충시스템 선택에서 생각해야할 것은, 시스템 운영의 편리성이다. 이 시스템이 지속적으로 운영되려면, 수요변동에 대응할 수 있고 또 관리 업무가 단순해야 한다. 이런 관점에서 목표재고시스템과 주문점시스템을 서로 비교할 때, 물류방식, 발주량, 발주시기, 재고수준 모니터링, 의사결정의 항목들을 생각해 볼 수 있다.

아래 있는 (표 3.8)은 이런 내용들을 요약하여 목표재고시스템과 주문점시스템의 특징을 비교한 것이다.

⟨표3.8⟩ 보충시스템의 특징 비교

| 특징 / 보충시스템 | | 목표재고시스템 | 주문점시스템 |
|---|---|---|---|
| 기대욕구의 크기 | 결품과 과잉재고의 방지 | 크다 | 크지 않다 |
| 시스템의 운영 | 물류 방식 | 끌어당기기(pull) | 밀어내기(push) |
| | 발주량 | 실제 소비량 | 대체로 고정적임 |
| | 발주시기 | 대체로 고정시킴 | 고정시키지 않음 |
| | 재고수준 모니터링 | 대체로 주기적임 | 수시 확인이 필요함 |
| | 주요의사결정 항목 | 목표재고 | 주문점, 발주량 |

목표재고시스템은 수요변동 대응능력과 운영의 편의성 측면에서 유리한 특성이 있다. 끌어당기기 방식을 사용하고, 의사결정 항목이 더 단순하며, 재고수준을 확인하는 사무처리도 더 간편하다.

주문점시스템은 정교하게 관리하지 않더라도 큰 불편이 없는 경우에 사용하는 것이 유리하다. 업무처리의 부담을 줄일 수 있기 때문이다. 소모품이나 공용성이 큰 원.부자재들은 이 시스템으로도 충분히 관리할 수 있다.

주문점시스템은 수요량이 변동하고 발주주기가 불규칙할 때 주문점과 발주량을 조정하는 것이 쉽지 않다. 이런 조정을 위해 특별히 정해 둘 규칙이 마땅치 않으며, 어떤 경우에는 업무 시스템이 오히려 복잡해질 수도 있다. 이 시스템이 의지하는 것은 수요예측인데, 이 예측은 대부분 신뢰도가 크지 않다.

여기서 주의할 점은, 주문점시스템이 수요예측치를 사용하므로 안전재고를 더 충분히 보유하는 것이 좋다. 또 발주량을 비용최소화 관점에서 정하는데, 이것이 대량 구매를 조장하고 발주주기를 길게 만들지 않도록 조심해야 한다.[2]

대부분의 경영관리시스템에서 일반적으로 끌어당기기(pull) 방식이 밀어내기(push) 방식보다 수요변동에 대응능력이 좋은 것으로 인정받고 있다.[3]

---

[2] 그 명분은 구매비용을 줄이자는 것인데, 실제로는 뜸하게 대량 구매한다고 비용이 절감되지는 않는다. 발주를 뜸하게 한다면, 오히려 예기치 않은 상황에 대응할 수 있는 능력이 떨어진다. 결과적으로, 결품되는 품목이 늘어나 독촉 비용이 증가하고, 땜질 납품이 늘어나 고객 불만족이 늘어나는 것을 피할 수 없다. 또, 수요에 맞추어 공급해야 하는 상황에서는 매장이나 공장의 창고 사이에 수송이 늘어나 비용을 증가시킨다. 평균재고수준도 대량구매 때문에 실제로는 더 높아진다. 이러다 보면, 원래 엉뚱한 재고를 엉뚱한 곳에 엉뚱한 시기에 보유하고 있었는데, 이런 나쁜 현상들은 더 악화되고 만다.

[3] 일반적으로 끌어당기기 방식이란 공급량이 수요량에 맞추어 정해지는 것이며, 밀어내기 방식이란 공급량이 수요량에 무관하게 정해지는 것을 말한다.

## 이해 돕기 문제

3-1 K사에서 판매하는 상품은 수요가 아래 표와 같이 발생한다.

이 회사는 목표재고시스템을 적용하여 이 상품의 재고를 관리할 계획이다.

구매리드타임: 2주

발주주기: 3주

안전재고: 370개

목표재고: 1150개

제1주에 주문하는 것으로 시작하여 아래 표를 완성하시오.

| 주 | 아침재고 | 입고량 | 수요량 | 저녁재고 | 가용재고 | 발주량 |
|---|---|---|---|---|---|---|
| 1 | 900 | | 350 | | | |
| 2 | | | 280 | | | |
| 3 | | | 190 | | | |
| 4 | | | 210 | | | |
| 5 | | | 185 | | | |
| 6 | | | 250 | | | |

3-2 위의 (표 3.4)와 (표 3.5)에서 어떤 열들이 서로 동일한가? 또 (표 3.5)와 (표 3.6)에서 어떤 열들이 서로 동일한가?

3-3 일상 생활에서 어떤 일을 처리할 때 그 처리방식에 있어서 끌어당기기와 밀어내기의 두 가지 방식이 가능한 경우가 있다. 이런 예를 찾아 보시오. 그리고 이 두 방식 중 어느 것이 더 유리하거나 유익한지 서로 비교해 보시오.

3-4 비동조화(decoupling)의 개념을 활용하여 시스템의 효과를 높이는 사례를 찾아 보시오.

3-5 D사는 판매중인 상품의 재고관리를 위하여 보충시스템을 설계하고 있다. 이를 위하여 수집한 기초자료는 다음과 같다.

구매리드타임: 1주

주문점시스템에서, 주문점: 170개, 발주량: 200개

목표재고시스템에서, 발주주기: 3주, 목표재고: 550개

제1주에 주문하는 것으로 시작하여 아래 표를 완성하시오.

| 주 | 현재고 | 수요량 | 주문점시스템 | | | 목표재고시스템 | | |
|---|---|---|---|---|---|---|---|---|
| | | | 입고량 | 가용재고 | 발주량 | 입고량 | 가용재고 | 발주량 |
| 1 | 200 | 90 | | | | | | |
| 2 | | 110 | | | | | | |
| 3 | | 95 | | | | | | |
| 4 | | 100 | | | | | | |
| 5 | | 88 | | | | | | |
| 6 | | 110 | | | | | | |

# 제4장
# 보충시스템의 설계

> 그러니 우리 재고를 별도로 구분하지 말고 전체 재고에 통합시켜 버리게.
> - 폴은 어떻게 재고관리 해결사가 되었을까?(Isn't It Obvious?), p.125

4.1 보충기간이 중요하다
4.2 목표재고를 설정한다
4.3 목표재고를 보충기간 단축으로 낮춘다
4.4 보충기간 단축 방법
4.5 서비스수준과 안전재고
4.6 통합관리로 안전재고를 줄인다
4.7 '재고의 딜레마'가 해소된다
4.8 주문점시스템의 설계

## 4.1
## 보충기간이 중요하다

　우리가 목표로 삼는 것은 필요한 시기, 필요한 곳에, 필요한 수량의 재고를 보유하려는 것이다. 이 재고 보유 수량은 수요량에 맞게 준비해 두는 것이 좋으며, 수요량이 많으면 보유 수량도 많아져야 한다. 그렇지만, 수요량만으로 보유 수량을 정하는 것은 충분하지 않다. 보충기간도 함께 고려해야 한다. 재고 보유 수량은 수요량이 많을수록 또 보충기간이 길어질수록 늘어나야 한다.

　여기서 앞으로의 설명을 위해 보충기간(replenishment time)의 의미를 더 상세히 설명해 둔다. 보충기간은 발주주기(order cycle time), 생산리드타임(production lead time), 그리고 수송리드타임(transportation lead time)을 모두 더한 기간이다.

　발주주기는 발주와 발주 사이의 간격 시간이다. 만약 매주 월요일마다 발주를 낸다면 발주주기는 7일이다. 생산리드타임은 발주를 생산하는데 걸리는 기간으로, 사무처리시간, 대기시간, 실제 생산에 걸리는 시간 등이 포함된다. 수송리드타임은 소비 장소까지 발주된 품목을 운반하는데 걸리는 시간이다.

또 공급리드타임이란 용어를 사용할 때가 있는데, 이것은 특별히 생산리드타임과 수송리드타임만 합한 시간, 즉 발주 후 입고될 때까지 걸리는 시간을 말한다.

그러므로 보충기간은 발주주기와 공급리드타임의 합이라 말해도 좋다. 만약 매주 월요일에 발주한 수량이 5일 후에 입고된다면, 발주주기 7일과 공급리드타임 5일을 합하여 보충기간은 12일이 된다.

이제 보충기간과 재고 수준의 관계를 알아보자. 먼저 공급리드타임과 재고보유량의 관계를 알아보는데, 아래 (그림 4.1)로 설명한다.

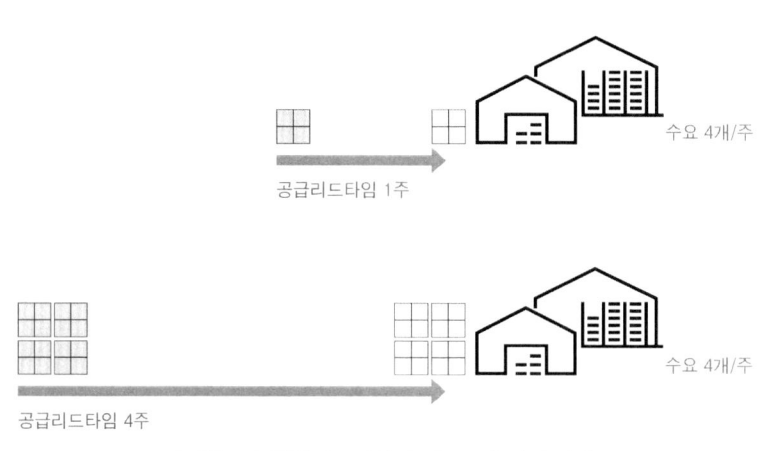

(그림 4.1) 공급리드타임과 재고보유량의 관계

만약 어느 상점에서 한 품목의 수요가 4개/주씩 발생한다고 하자. 이 품목을 공급받는데 1주일 걸린다면, 즉 공급리드타임이 1주라 하면, 상점에서는 재고를 4개 보유하면 충분하다. 재고가 4개일 때 발주하면 이 재고가 바닥날 때에 다시 4개가 입고되기 때문이다. 즉, 1주 지나 재고가 소진되면 다시 4개가 입고된다.

그런데, 만약 공급리드타임이 1개월(=4주)이라면, 이 때는 재고를 4개 보유하고 있을 때 발주하면 1주 후에는 상점의 재고가 바닥난다. 그리고 발주한 품목이 입고되려면 아직도 3주를 더 기다려야 한다. 그러므로 이런 결품현상을 발생시키지 않으려면 이 상점은 1개월분 16개를 입고시켜 보유하고, 1개월 후 입고될 16개를 발주해 두어야 한다.

이처럼 공급리드타임은 상점의 재고수준에 영향을 미친다.

그러면 발주주기는 상점의 재고수준에 어떤 영향을 미치는가? 아래 (그림 4.2)를 보면서 알아보자.

(그림 4.2) 발주주기와 재고 보유량의 관계

공급리드타임이 4주인 경우에 매월 16개씩 발주하지 않고, 대신 매주 4개씩 발주한다면, 재고가 어떻게 달라지는가?

위 그림에서 보면, 발주주기가 1주이고 공급리드타임이 1주일 때 공급 중인 미입고 발주량은 4개이며, 상점에 있는 재고는 최대 4개이므로, 이 두 개를 합한 가용재고는 최대 8개이다.

또, 만약 발주주기가 1주이고 공급리드타임이 4주이면, 공급중인 미입고 발주량은 16개이고 상점재고는 최대 4개이며, 가용재고는 최대 20개이다.

또, 만약 발주주기가 4주이고 공급리드타임이 4주이면, 공급중인 미입고 발주량은 16개이고 상점재고는 최대 16개이며, 가용재고는 최대 32개가 된다.

이상의 내용을 정리하여 요약하면 다음과 같다.

- 공급중인 미입고 발주량은 공급리드타임 동안의 수요량으로 정해진다. 공급리드타임이 1주이면 4개, 4주이면 16개이다.
- 상점재고는 발주주기 동안의 수요량에 의해 정해진다. 발주주기가 1주이면 4개, 4주이면 16개이다.
- 가용재고(=미입고 발주량 + 상점재고)는 보충기간(=공급리드타임 + 발주주기) 동안의 수요량으로 정해진다. 보충기간이 2주이면 8개, 5주이면 20개, 8주이면 32개이다.

위의 분석을 한마디로 정리하면, 가용재고의 크기는 보충기간 동안의 수요량에 비례한다. 즉, 보유해야 할 가용재고는 보충기간 동안의 수요량으로 정해진다.

그러므로 우리는 적정 가용재고를 보충기간과 이 기간 동안의 수요량에 맞추어 정한다. 판매자 또는 소비자가 보충기간 동안 판매될(소비할) 수량을 미리 확보해 놓으면 결품은 발생하지 않으면서 재고 부담도 크지 않을 것이다. 이것을 정해두는 것은 그리 어려운 일이 아니다. 보충기간은 보충시스템을 설계할 때 발주주기만 정하면 될 일이고, 수요량은 소비의 트렌드를 관찰하여 판단할 수 있기 때문이다.

## 4.2
## 목표재고를 설정한다

 이와 같은 가용재고에 근거하여 '목표재고(target inventory)'를 정해두고 사용한다면 적정재고를 관리하는 데에 유익하다[1]. 이 목표재고는 보충기간 동안의 판매량(사용량)에 해당하는데, 만약 수요와 보충기간의 변동성까지 대비한다면 보충기간 동안 예상되는 수요량의 최대치로 정해 둘 수 있다. 우리가 이 수준에 맞추어 재고를 확보해 둔다면 수요량의 대부분을 결품없이 판매할 수 있다.

 이렇게 목표재고에 맞추어 재고를 보충하는 목표재고시스템은 판매와 생산을 연동시키는 중요한 도구로 사용되고(3.3절 참조), SCM 솔루션에서 핵심적인 역할을 수행한다( 2.7절 참조).

 목표재고는 보충기간동안의 평균 수요와 변동성에 대비하기 위한 안전

---

[1] TOC에서는 '목표재고'란 용어 대신 '버퍼(Buffer)'를 사용하는데, 여기서는 실무적으로 더 쉽게 활용되도록 필자가 목표재고로 의역하여 사용한다.

재고$^2$로 구성된다. 이제 목표재고를 정하는 방법을 자세히 알아보면서 그 의미를 더 깊이 이해해 보자.

보충기간 동안의 평균 수요는 수요율(단위 기간당 평균수요)에 보충기간을 곱한 값으로 계산된다. 그런데 수요율과 보충기간은 모두 변동하기 쉬우므로, 결품을 방지하려면 이들의 변동성도 충분히 고려되어야 한다. 수요율 변동은 목표재고 결정에 어떤 영향을 주는가? 또 보충기간의 변동은 어떤 영향을 주는가?

만약 실제 수요율이 평균치를 웃돌면 고객이 원하는 수량을 제때 공급하지 못하여 결품이 발생한다. 또 보충기간의 불안정성 때문에 결품이 발생할 수도 있다. 보충기간이 일정하지 않고 편차가 있다면, 이 기간 동안의 수요량에도 편차가 생기기 때문이다.

이런 결품을 막기 위해, 상점에서는 보충기간동안 예상되는 '최대' 수요량을 재고로 확보해 두어야 한다. 여기서 '최대'라는 말은 지나치게 과장된 수량이 아니고(골드랫은 이것을 '히스테리어(hysteria)가 되지 말라'고 표현한다.) 매우 조심성있는 수량이다(골드랫은 이것을 '편집광(paranoid)이 되라'는 말로 표현하였다). 수요율과 보충기간의 변동성을 충분히 감안하여 목표재고를 넉넉하게 산정하되 충분한 근거를 갖추어 신중하게 산정하라는 뜻이다.

그런데 일반적으로 사람들은 수요율을 고려하는 것에는 적극적인 반면, 보충기간의 반영에는 소극적인 경향이 있다. 그래서 수요예측에 더 많은 노력을 기울인다. 그렇지만 사실 보충기간이 더 결정적인 역할을 한다. 보충기간은 다음과 같이 그 간접적인 영향이 크기 때문이다.

---

2  안전재고는 보충기간 동안의 변동성에 대응하기 위한 수량이며, 서비스수준에 의해 정해진다. 이 내용은 다음 4.6절에서 상세히 다루어진다.

- 대부분의 경우, 보충기간이 길어질수록 보충기간의 불안정성, 즉 기간의 편차도 커진다.
- 그러므로 보충기간이 길어질수록, 이 기간동안 수요량의 변동성이 커진다.
- 또, 보충기간이 길어질수록 수요량의 예측기간이 길어진다.
- 그러므로 이 수요량에 대한 예측의 정확도는 예측기간이 길어질수록 떨어진다.
- 목표재고는 보충기간 동안의 평균 수요와 변동성에 대비하기 위한 안전재고로 구성되므로, 보충기간이 2배로 늘어나면 목표재고는 2배보다 더 크게 늘어나야 한다.

결론적으로 목표재고는 보충기간 동안의 '예상 최대수요'와 이 기간 동안의 불안정 요소를 감안한 '안전재고'의 합이다. 이제 목표재고 설정 방법을 제시할 차례가 되었는데, 이론적 방법과 실무적 방법 2가지가 있다.

- (이론적 방법) 단위기간당 예상수요의 평균치 또는 수요율에 보충기간을 곱한다.
- (실무적 방법) 보충기간 동안의 예상수요량을 확인한다.

어느 방법이든 여기에 안전재고를 더하는데, 이것은 수요의 불안정 요소를 감안하고 서비스수준을 정책적으로 정하여 산정한다.

먼저, 이론적 방법을 아래와 같은 수식으로 더 자세히 설명한다.

T = D·R + S

    T : 목표재고(Target Inventory)
    D : 수요율(Demand Rate)
    R : 보충기간(Replenishment Period)
    S : 안전재고(Safety Stock)

(예제1) 다음과 같은 자료가 있는 상황에서 목표재고를 정해 보자. 발주주기 6일, 공급리드타임 6일, 평균수요 30개/일, 안전재고 3일분. 이 때 목표재고는 30개/일x12일+ 30개x3 = 450개이다.

(예제 2) 다음과 같은 자료가 있는 상황에서 목표재고를 정해 보자.
최대수요 100개/주, 보충기간 4주, 예상되는 수요/4주 320개, 안전재고는 예상수요의 10%. 이 경우는 목표재고가 320개 + 320x0.1 = 352개로 산정된다.

다음으로, 실무적으로 예상수요를 사용할 수 있는 방법을 알아보자. 아래 (표 4.1)의 예제로 설명한다.

〈표 4.1〉 목표재고 설정의 실무적 방법 예제

(보충기간 5주, 안전재고 40)

| 기간 (주) | 1 | 2 | 3 | 4 | 5 | 6 | 7 | 8 | 9 | 10 | 11 | 12 |
|---|---|---|---|---|---|---|---|---|---|---|---|---|
| 예상수요 | 20 | 20 | 25 | 25 | 25 | 30 | 30 | 30 | | | | |
| | | 25 | 25 | 30 | 25 | 30 | 30 | 40 | 40 | | | |
| | | | | · | · | · | · | · | · | | | |
| | | | | | 25 | 30 | 30 | 30 | 30 | 30 | 25 | 25 |
| | | | | | | | | 20 | 20 | 20 | 20 | 20 |
| 보충기간 동안의 수요 | | 115 | | | | | | | | | | |
| | | | 135 | | | | | | | | | |
| | | | | · | · | · | · | · | | | | |
| | | | | | 145 | | | | | | | |
| | | | | | | | 100 | | | | | |
| 안전재고 | 40 | 40 | 40 | 40 | 40 | 40 | 40 | 40 | 40 | 40 | 40 | 40 |
| 목표재고 | 155 | 175 | | | 185 | | | 140 | | | | |

이 표에서 매주 8주간의 수요를 예상하는데, 제1주에 예상한 수요가 두 번째 행에 적혀있다. 이 예상수요의 첫5주 합계가 115이며, 이것이 보충기간 5주 동안의 최대수요라 가정하자. 그러면 제1주에 산정되는 목표재고는 안전재고 40을 더하여 155이다.

제2주의 목표재고도 같은 방법으로 2주~6주 예상수요의 합 135에 안전재고 40을 더하여 175가 된다. 매주 산정되는 목표재고가 달라질 수 있는데, 실제 운영할 때는 큰 폭으로 바뀌는 경우에만 달라진 값을 사용해도 무방하다. 목표재고를 조정하는 방법은 제5장에서 상세히 다룬다.

이렇게 정해지는 목표재고는 발주량을 정하는 데에 사용된다. 먼저 현재의 가용재고를 확인한 후 목표재고와 차이를 계산하는데, 이 차이는 발주주기 동안 실제 소비된 수량이다. 이 수량이 바로 발주량이며, 수식으로 표현하면 다음과 같다.

$$Q = T - OH$$

    Q : 발주량

    OH : 가용재고(=창고재고 + 미입고 발주량 - 확정된 수요)

이 수식에 의한 발주량 계산 과정은 3.2절의 (표 3.2)에 있으므로 여기서는 생략한다.

## 4.3
## 목표재고를 보충기간 단축으로 낮춘다

    결품을 줄여 매출을 보호하면서도 목표재고 수준을 낮추려면 보충기간을 줄이는 것이 효과적이다. 앞서 살핀 것처럼 목표재고는 보충기간 동안의 수요량에 비례하는데, 보충기간 줄이는 일이 비교적 적은 노력으로 큰 효과를 얻을 수 있기 때문이다. 그러면 보충기간은 어떻게 줄일 수 있는가?

    보충기간은 발주주기와 공급리드타임(=생산리드타임 + 수송리드타임)임을 기억해 두자. 우리는 이들을 줄이는 데 관심을 두고 보충기간을 줄인다.

    발주주기가 길어지고 공급리드타임이 길어지는 중요한 원인은 무엇인가? 그 이유 중 하나는 업무를 뱃치(batch)로 처리하는 습관에 있다. 대량으로 발주할수록 낮은 가격으로 구매할 수 있다고, 또 발주처리 업무가 편리해진다고 생각한다.

    뱃치 사이즈가 커질수록 발주주기는 길어지는데, 큰 뱃치가 만들어질 때까지 기다린 후에 발주하기 때문이다. 재고수준이 주문점 이하로 떨어지기를 기다리고, 발주할 수량은 경제적 규모를 생각하여 발주한다. 많은 사람들은 이런 수량을 경제적 발주량(Economic Order Quantity)이라 말하고 있지만, 이 수량은 발주주기를 길게 만들고 재고수준을 높여서 결코 경제적이지 못한 결과를 만들어 버린다.

생산리드타임이 길어지는 가장 큰 이유도 큰 뱃치 생산에 있다. 많은 사람들은 셋업 횟수를 줄이고 뱃치를 키우는 것이 생산성을 높이고 단위당 제조원가를 줄이며, 따라서 이득이 크다고 생각한다. 그래서 생산 뱃치가 어느 정도 커질 때까지 기다린 후 생산을 시작하는데, 기다린 만큼 생산리드타임은 길어진다.

수송리드타임이 길어지는 원인도 유사하다. 수송 뱃치를 키우면 수송비용이 줄어들기 때문에, 수송할 수량이 어느 정도 쌓일 때까지 기다렸다가 수송한다.

그러므로 보충기간을 줄이려면 뱃치 처리의 업무 습관을 바꾸어야 한다. 이런 변화를 위해서는 큰 뱃치 처리가 이득보다는 손실이 더 클 수 있다는 사실을 인식하고, 생산, 수송, 발주처리의 업무에서 작은 뱃치로 처리하는 방법들을 사용해야 한다.

보충기간을 줄이는 데 있어서, 뱃치 사이즈를 줄여서 발주주기를 줄이는 것은 공급리드타임을 줄이는 것보다 더 간단하다. 물론 공급리드타임을 줄이기 위한 노력도 필요하지만 이런 노력이 효과를 얻기까지는 상당한 시간이 필요하다. 공급리드타임을 줄이려 할 때, 어떤 경우에는 공급자/수송자가 가격 인상이나 추가 비용을 요구하기도 한다. 이에 비하여 발주주기를 줄이는 것은 상대적으로 손쉽고 그 효과도 크다.

발주주기를 어떻게 줄일 수 있는가? 발주일을 고정시켜 발주주기를 일정하게 유지하면 발주주기를 줄이는 데 실질적인 효과가 있다. 물론 이 때 먼저 뱃치 사이즈가 작아지는 것은 받아들여야 한다.

예를 들어 발주하는 날을 매주 월요일로 미리 정해둔다고 하자. 그 대신 발주량을 미리 정해두지 않고 지난 1주일 동안 실제 판매된 량을 발주하여 보충한다고 하자. 그러면 발주주기는 항상 1주일이다.

그런데 만약 매일 발주하고, 어제 판매된 량을 발주하여 보충한다면, 발주주기는 1일로 줄어든다. 발주주기가 6일 단축된 만큼 보충기간도 그만큼 줄어든다.

아래 (그림 4.3)은 발주주기를 절반으로 줄여 (그림 3.4)를 다시 그린 것이다. 이 그림에서는 공급리드타임은 변하지 않았다. 그렇지만 그 효과는 보충기간의 단축으로 나타나고 이로 인해 목표재고가 상당 수준 낮아졌다.

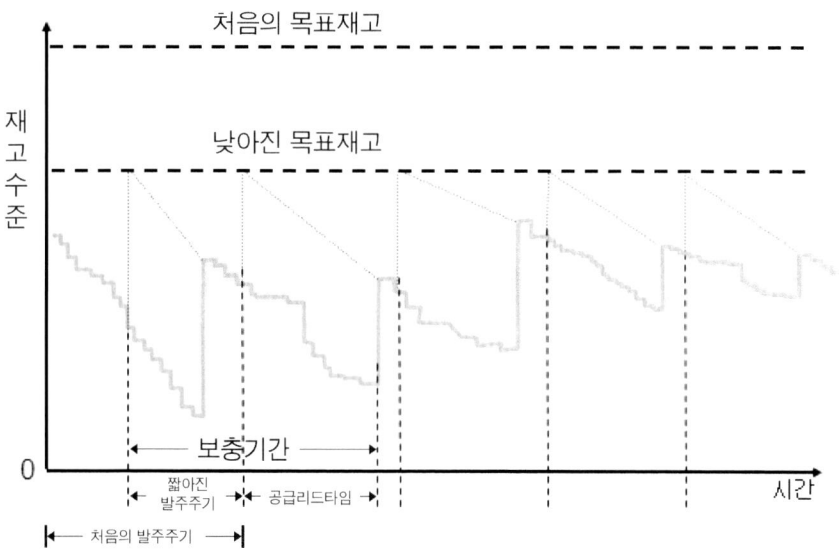

(그림 4.3) 발주주기 단축에 의한 목표재고의 감축

우리가 여기서 다시 생각해 볼 것은, 발주주기의 단축은 상점재고를 감축시킨다는 점이다. (그림 4.3)에서 줄어든 목표재고는 상점에서 보유하는 실물 재고수준이 낮아진 것을 의미한다. 상점재고의 감소는 판매자의 수익성을 크게 높인다.

〈그림 4.4〉는 발주주기뿐 아니라 공급리드타임도 절반으로 줄여진 상황을 나타낸다. 미입고 발주량은 공급리드타임이 줄면 감축되므로, 보충기간이 더 줄어들고 목표재고도 더 낮은 수준이 되었다. 상점재고가 발주주기 단축으로 줄어든 후, 미입고 발주량이 공급리드타임 단축으로 줄어든 결과이다.

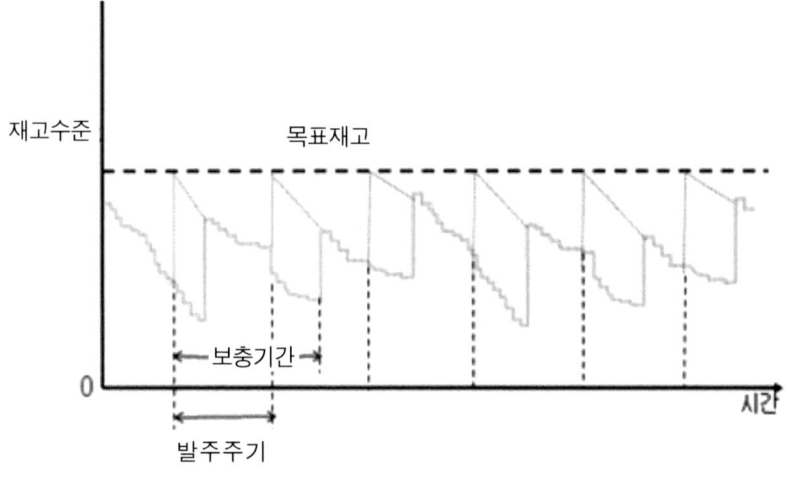

〈그림 4.4〉 발주주기와 공급리드타임의 단축 효과

이렇게 목표재고가 낮아지면 발주량이 줄어든다. 더 적은 재고로 결품이 방지될 수 있다는 뜻이다.

# 4.4
# 보충기간 단축 방법

　　보충기간은 발주주기에 공급리드타임(=생산리드타임 + 수송리드타임)을 더한 기간이며, 우리는 이 보충기간을 단축시키면 목표재고가 낮아진다는 것을 확인하였다. 그러므로 이제 발주주기를 짧게 만들고 공급리드타임을 단축시킬 구체적인 방법을 알아볼 차례이다.

　　발주주기는 재고수준과 업무의 편의성을 감안하여 정해질 일이다. 발주주기를 짧게 운영하는 것이 재고수준을 낮추지만, 반면에 발주주기가 짧아질수록 관련 업무량은 많아진다.

　　최적 발주주기를 구하기 위해 종종 재고관련 비용을 최소화시키려고 노력하는 경우도 있다. 그렇지만 실무적으로 볼 때, 재고관련 비용의 최소치를 구하는 것이 그리 쉬운 일이 아니다. 재고유지 비용이나 업무 비용을 산출하기가 쉽지 않기 때문이다.

　　이런 관점에서, 발주주기는 간단한 방법으로 정하는 것이 오히려 더 바람직하다. 단지 수요량만 감안하여, 수요가 많을수록 발주주기를 짧게, 수요가 적을수록 발주주기를 길게 정하는 방법이면 충분하다. 이것은 비용을 엄밀하게 계산하지 않고 경험을 살려 정책적으로 결정한다는 뜻이며, 이렇게 하는 것이 오히려 더 실용적이고 효과도 더 크다.

예를 들자면, 각각의 품목을 수요량과 단가에 따라 A급, B급, C급으로 구분하고, 발주주기를 A급은 1주일, B급은 1개월, C급은 3개월과 같이 정한다. 단순한 것이 일은 간편하게 만들고 업무 성과는 더 높인다.

발주주기를 획기적으로 단축하는 방법은 전일(또는 전주, 혹은 전월) 판매된 수량을 매일(또는 매주, 혹은 매월) 발주하는 것이다. 이렇게 당장 발주주기를 단축하여 자주 발주하더라도 업무상 어려움은 그리 크지 않다. 그렇지만 이런 발주 방식에 선뜻 수긍이 가지 않는 독자들도 있을 것이다. 과연 현실적으로 가능한가? 오히려 일을 더 어렵게 만드는 것은 아닌가?

이런 의문점들을 풀기 위해 여기에 다음과 같은 몇 가지 대책들을 제시한다:

(의문점 1) 구매량이 소량으로 되어 불리하다. 소량으로 구매하면 가격 할인과 같은 혜택을 누릴 수 없다.
 (대책1) 1회 발주량을 가격 협상의 기준으로 삼지 않고 연간 구매량을 기준으로 삼는다.
(의문점 2) 너무 자주 발주하는 것은 업무상 부담이 크다.
 (대책2) 정보기술을 활용하여 업무의 상당 부분을 자동화시킨다. 이전 기간의 수요량이 정확히 입력되면 발주 업무 프로세스는 단순하다.
(의문점 3) 소량 발주는 수송비가 많이 든다.
 (대책3) 여러 품목을 모아서 수송한다. 단일품목 대량이 아니라 다

품목 소량으로 수송한다.

**(의문점 4)** 자주 발주하더라도 공급자가 자주 공급해 줄 능력이 없다. 공급자의 생산리드타임이 발주주기보다 더 길다.

**(대책4)** 공급자에게 재고를 확보해두고 공급하도록 조언한다. 이렇게 하는 것이 상호 이익이 됨을 주지시킨다.

어떠한가? 전일(또는 전주, 혹은 전월) 발주함으로써 발주주기를 획기적으로 단축시킬 수 있지 않은가?

보충기간을 단축시킬 수 있는 또 다른 영역은 생산리드타임과 수송리드타임에 있다. 우리는 앞의 4.3절에서 생산리드타임과 공급리드타임이 길어지는 가장 큰 이유를 생산과 수송의 뱃치 크기가 지나치게 크기 때문이라고 설명하였다. 그러므로 이 뱃치크기를 줄이는 것이 이 리드타임들을 단축시키는 방법이 된다[3].

또 수송뱃치를 작게 만들어야 하는데, 이를 실현시키려면 새로운 판단 기준이 필요하다. 대부분의 경우 수송비 절감을 이유로 많은 사람들이 수송뱃치를 크게 만드는 것에 익숙해져 있기 때문이다. 여기에서 벗어나려면 수송비 절감액뿐 아니라 수송기간 단축이 가져오는 이득(매출증대)을 생각할 수 있어야 한다. 그리고 그 절감액에 비하여 그 이득이 더 크다는 것을 인식할 수 있을 때 비로소 수송뱃치를 줄이려는 노력이 시작될 수 있다.

보충기간을 단축시키는 또 다른 방법은 재고 보유의 위치를 전략적으로 정하는 것이다. 이것은 비교적 적은 노력으로 단기간에 매우 큰 성과를 거두게 한다. (2.8절 참조)

예를 들어, 공장창고에 재고를 보유하면 생산리드타임은 0이 되고, 중

---

[3] 생산뱃치의 크기를 줄이는 데에는 TOC-DBR을 적용하는 것이 효과적이다. 물론 TOC-DBR을 제대로 적용하기 위해서는 극복해야할 장애물들이 없는 것은 아니다.

앙유통센타에서는 굳이 기다리지 않고 공장으로부터 제품을 공급받을 수 있다. 또 가까운 지역유통센타에서 재고를 보유하고 있는 품목은 고객에게 공급하는 수송리드타임이 짧아진다.

이러한 '재고의 전략적 활용'을 가로막는 장애물은 재고 보유에 대한 부담이다. 대부분의 경우 재고유지비 절감을 이유로 많은 사람들이 재고 보유를 꺼리기 때문이다. 이런 장애물을 극복하려면 재고유지비뿐 아니라 공급리드타임 단축이 가져오는 이득(매출증대)을 생각할 수 있어야 한다. 재고유지비에 비하여 그 이득이 더 크다는 것을 인식할 때 비로소 '재고의 전략적 활용'이 시작될 수 있다.

# 4.5
# 서비스수준과 안전재고

　서비스수준이라 함은 일반적으로 고객의 요구를 충족시켜주는 비율을 말한다. 이것을 재고와 관련시킨다면, 고객의 요구에 맞게 품목을 공급시켜주는 비율이라 설명된다. 이 비율은 건수 혹은 수량으로 계산된다.

　만약 고객이 10건 발주했는데, 10건 모두 발주량을 납기에 맞추어 공급해 주었다면 서비스수준은 100%이다. 만약 10회 중 9회를 성공적으로 납품했다면 90%가 된다. 이처럼 발주건수를 기준으로 서비스수준을 계산하는 수식은 다음과 같다.

$$\text{서비스수준} = (\text{전량 납품받은 건수})/(\text{총 발주건수})$$
$$= 1 - (\text{전량 납품받지 못한 건수})/(\text{총 발주건수})$$

　이 수식에 따르면, 발주량 중 전량 납품받지 못하고 일부만 납품받은 발주건은 서비스받지 못한 발주건으로 간주된다.

그런데 발주건수 대신 발주량을 기준으로 서비스수준을 계산할 수도 있다. 각 발주마다 발주량이 다르다면 발주건수를 사용하는 것과 발주량을 사용하는 것은 서로 다른 서비스수준으로 계산된다. 일부만 납품받은 발주라도 그 수량만큼은 서비스 받았다고 간주되기 때문이다. 발주량 기준의 서비스수준 계산 수식은 다음과 같다.

서비스수준 = (납품받은 수량)/(총 발주량)
= 1 - (납품받지 못한 수량)/(총 발주량)

위의 계산식을 더 자세히 설명하기 위해 다음 예제를 보자. C사는 품목 A를 발주받아 납품하고 있는데, 1주일 동안 수주하는 발주량이 다음과 같은 확률로 발생한다고 하자.

| 발주량/주 | 확률 | 누적확률 |
| --- | --- | --- |
| 50 | 5% | 5% |
| 100 | 35% | 40% |
| 150 | 50% | 90% |
| 200 | 5% | 95% |
| 250 | 5% | 100% |

C사는 이것을 품목 A의 수요로 간주하여, 수요의 90%는 즉시 공급해 주고, 10% 정도는 즉시 공급하지 않더라도 큰 문제가 없다고 판단하고 있다. 수요의 100%를 즉시 공급하기에는 재고부담이 너무 크다고 생각하기 때문이다.

이런 정책을 따른다면 품목 A의 재고는 150개를 준비해 두어야 한다.

다시 말해서 150개를 준비해두면 발주량 기준의 서비스수준을 90%로 유지할 수 있다. 그런데 만약 서비스수준을 95%로 높이려면 품목 A의 재고수준은 200개가 되어야 한다.

안전재고(Safety Stock)는 즉시 서비스수준을 높이기 위해 평균수요보다 더 많이 재고에 추가하는 수량이다. 위 예제에서 평균수요는 135개이다. 만약 서비스수준을 90%로 책정한다면, 재고를 평균수요보다 15개(=150-135)를 더 많이 준비하는 것이며, 이 15개가 안전재고이다. 만약 95% 서비스수준을 책정한다면 평균수요보다 65개(=200-135)를 더 많이 준비하는 것이며, 이 65개가 안전재고에 해당한다.

이처럼 우리는 고객 서비스수준을 높이기 위해 안전재고를 추가하여 재고를 유지하며, 그 크기는 서비스수준[4]에 따라 정해진다.

이 안전재고는 상점재고에만 반영하며, 공급재고에는 반영할 필요가 없다. 앞서 설명하였듯이, 공급재고는 공급리드타임 동안의 수요량에 의해 정해지고, 상점재고는 발주주기 동안의 수요량에 의해 정해진다. 안전재고는 발주주기 동안의 수요변동에 대응하기 위한 조치이다. 이 기간 동안만 결품없이 지내고 나면 그 이후에는 다시 입고되는 수량에 의해 결품은 발생하지 않기 때문이다.

---

[4] 서비스수준에 해당하는 안전재고와 재고수준은 평균과 표준편차를 이용하여 계산될 수도 있다. 만약 수요가 평균 $\mu$와 표준편차$\sigma$인 정규분포 $N(\mu, \sigma^2)$에 가깝다면, 안전재고는 $k\sigma$이며, 재고수준은 $\mu + k\sigma$가 된다. 단, 여기서 k는 표준정규분포의 표준화계수이다. 만약 서비스수준을 90%로 정한다면 k=1.282를 사용하고, 만약 95%로 정한다면 k=1.645를 사용한다.

## 4.6
## 통합관리로 안전재고를 줄인다

이미 설명하였듯이, 우리가 보유할 재고의 목표수준은 보충기간 동안의 최대 예상 수요량과 안전재고의 합이다. 그러므로 이 목표재고를 결정짓는 요소는, 수요율(단위기간당 평균수요)과 수요의 변동성, 보충기간과 보충기간의 변동성이다.

수요율과 보충기간은 모두 변동하기 쉽다. 그러므로 보충기간 동안의 수요변동은 더욱 커지고, 보충기간 동안의 수요량을 예측하는 것은 단순히 수요율을 예측하는 것보다 더 어려워진다. 사실 수요량을 정확히 예측한다는 것은 거의 불가능하다. 많은 시간과 비용을 투자하더라도 그 정확도의 향상 효과는 미미하다. 우리가 기대할 수 있는 예측은 수요율의 추세(trend)에 관한 정보 정도이다.

수요예측[5]에는 항상 오차가 있기 마련이다. 예측치를 사용하는 사람은

---

5   수요예측 방법은 정성적(qualitative)방법과 정량적(quantitative)방법으로 분류된다. 정성적 방법은 사람의 판단이나 경험으로, 정량적 방법은 과거 자료를 분석하여 예측치를 얻는다.

항상 이 사실에 대비해야 하며, 예측의 정확도를 지나치게 요구하거나 예측치에 의존하여 의사결정하는 것은 바람직하지 않다.

불가피하게 수요 예측치가 필요할 때는 가능하다면 장기 예측치보다 단기 예측치를 사용하는 것이 더 좋다. 그리고 각 품목에 대한 예측치보다 품목 그룹에 대한 예측치를 사용하는 것이 더 좋다.

여기서는 예측 오차를 줄이기 위해 품목 그룹의 예측치를 사용하는 방법을 설명한다. 예측오차가 줄어들면 그 줄어든 만큼 안전재고를 줄일 수 있기 때문이다.

자동차를 예로 들어보자. 자동차에는 승용차, 화물차, 승합차 등이 있다. 또, 승용차는 크기에 따라 소형, 중형, 대형으로 구분될 수 있고, 각 크기마다 여러가지 사양이 있다. 승용차의 각 사양마다 수요를 예측하는 것은 어렵고 정확도도 떨어진다. 그 대신 크기 별로 예측하는 것이 더 수월하다. 이보다는 승용차, 화물차, 승합차 정도로 구분하여 그 추세를 예측한다면 정확도를 더 높일 수 있다.

이런 개념은 수요를 지역별로 구분하는 것에도 적용될 수 있다. 대상 지역을 세분하는 것보다 넓은 지역으로 통합하여 그 대상을 넓히는 것이 예측의 정확도를 높일 수 있는 방법이 된다.

이런 사실은 통계학에서 '중심극한정리(Central Limit Theorem)[6]'라는 이름으로 입증된 결론이다. 이 중심극한정리를 활용하기 위해 다음 (표 4.1)의 예제를 보자.

---

6  중심극한정리는 확률론과 통계학 분야에 있어 매우 중요한 정리중의 하나이며, 프랑스의 수학자 라플라스(Pierre Simon, Marquis de Laplace)에 의해 알려지고 증명된 이론이다. 라플라스는 수많은 작은 수치들의 합으로 간주할 수 있는 측정오차 등이 정규분포에 근사한다는 것을 기반으로 중심극한정리를 유도하였다. 그것은, 같은 확률 분포를 가지는 독립된 확률 변수 $X_1, X_2, X_3, ...$의 기대값 $\mu$와 표준편차 $\sigma$가 유한하다고 가정하면, 평균 $S_n = (X_1 + ... + X_n)/n$ 은 기대값 $\mu$, 표준편차 $\sigma/\sqrt{n}$ 인 정규분포 $N(\mu, \sigma^2/n)$에 수렴한다.

⟨표 4.1⟩ 중심극한정리의 활용을 위한 예제

| 소비지역 | 발생 수요 | | | | | | 합계 | 표준편차 |
|---|---|---|---|---|---|---|---|---|
| | 1월 | 2월 | 3월 | 4월 | 5월 | 6월 | | |
| 지역 1 | 6 | 5 | 7 | 5 | 4 | 3 | 30 | 1.4 |
| 지역 2 | 10 | 9 | 13 | 9 | 10 | 11 | 62 | 1.5 |
| 지역 3 | 8 | 7 | 9 | 6 | 8 | 9 | 47 | 1.2 |
| 지역 4 | 12 | 15 | 10 | 14 | 13 | 11 | 75 | 1.9 |
| 전체수요 | 36 | 36 | 39 | 34 | 35 | 34 | 214 | 1.9 |
| 표준편차 | 2.6 | 4.3 | 2.5 | 4.0 | 3.8 | 3.8 | 21.0 | |

위 표에는 소비지역 4개에서 6개월 동안 발생한 수요가 나타나 있다. 그리고 맨 오른쪽 열에는 각 지역수요에 대한 표준편차가 계산되어 있고, 맨 아래 행에는 전체수요의 합계와 표준편차가 있다.

1월의 전체수요가 36인데, 각 지역별로는 6~12이며, 표준편차는 2.6으로 계산된다. 2월 ~ 6월의 전체수요는 34~39 사이에 있는데, 매월 각 지역수요의 표준편차는 2.5~4.3이다.

그런데 1월~6월 동안 전체수요의 표준편차는 1.9에 불과하다. 그런데 각 지역의 6개월 수요에 대한 표준편차가 1.2~1.9이며, 이들을 합하면 6.0이나 된다. 또 월별 각 지역수요의 표준편차를 보더라도 2.5~4.3이나 된다. 이처럼 각 지역수요의 편차에 비하여 전체수요의 편차는 상대적으로 줄어든다.

일반적으로 합계의 편차는 개별 자료의 편차보다 줄어드는데, 중심극한정리가 이런 현상을 일반화시킨 것이다. 편차가 적을수록 수요가 안정적이므로 안전재고의 수준을 낮출 수 있다.

그러므로 각 품목별(혹은 지역별로) 예측치를 구해서 합하기보다는 전체 그룹에 대한 예측치를 직접 구하는 것이 예측오차를 더 줄일 수 있다. 우리는 이런 사실을 활용하여 다음과 같은 원칙을 세울 수 있다.

- 수요예측의 대상 지역을 넓힌다.
- 각 지역에서 유지할 재고를 한 곳으로 통합하여 관리한다.

이런 원칙들을 잘 활용하면 수요예측의 오차를 줄일 수 있다. 수요예측이 어렵지만, 전체 수요의 추세는 비교적 만족할 만한 수준으로 예측할 수 있다.

이와같이 수요예측의 오차를 줄이고 수요의 변동성을 줄이려면 재고를 한 곳으로 통합하여 관리해야 한다. 이것이 안전재고를 줄이고 목표재고를 낮추는 방법이다.

이러한 방법은 리스크 풀링(Risk Pooling)이란 용어로도 알려져 있다. 이것은 각각의 위험 요소나 불확실성을 한 곳에 모음으로써 서로 상쇄시켜 시스템 전체의 불확실성에 효과적으로 대처하는 방법이다. 이 방법은 지역, 품목, 리드타임, 생산능력 등을 통합하여 관리하는 데에 활용할 수 있으며, 이로써 우리는 수요변동에 대해 보다 안정적인 대처 방안을 강구할 수 있다.

## 4.7
## '재고의 딜레마'가 해소된다

우리는 지금까지 '재고의 딜레마'(2.5절의 그림2.3참조) 해소 방안을 다루어 왔다. 한 편에서는 판매기회를 최대한 확보하기 위하여 재고를 많이 보유하려는 입장이고, 다른 편에서는 비용과 현금을 통제하기 위하여 재고를 적게 유지하려는 입장이어서, 이 갈등을 해소하려는 것이었다.

지금까지 논의한 우리의 해결책은 다음과 같은 방향에서 강구되었다.

- 보충기간을 단축시킨다.
- 수요예측의 정확도를 높인다.
- 공급의 신뢰도를 높인다.

이 대책들은 재고를 많이 보유하려는 세 가지 이유들이 이제는 더 이상 이유가 되지 않도록 만든다. 우선 지금까지 제시된 대책들을 다시 간략히 정리해 두자.

- 보충기간 단축에 대한 대책
    1. 전날(또는 전주, 혹은 전월)의 실제소비량을 발주하여 발주주기를 짧게 만든다.
    2. 뱃치크기를 작게하여 공급리드타임을 줄인다.
    3. 재고를 유지하여 공급리드타임을 줄이거나 없앤다.
- 수요예측 정확도에 대한 대책
    1. 수요예측의 대상을 넓게 설정한다.
    2. 각 지역의 재고를 중앙유통센터에서 통합관리한다.
    3. 안전재고를 활용한다.
- 공급자 신뢰에 대한 대책
    1. 안전재고를 활용한다.
    2. 전날(또는 전주, 혹은 전월)의 실제소비량을 발주하여 긴급발주을 줄인다.

이런 대책들에 의해 2.5절의 (그림2.3)은 이제 다음과 같은 (그림 4.5)로 바뀔 것이다. 즉, 적은 재고를 보유하더라도 판매기회를 최대한 확보할 수 있고, 또 동시에 비용과 현금을 통제할 수 있게 된다.

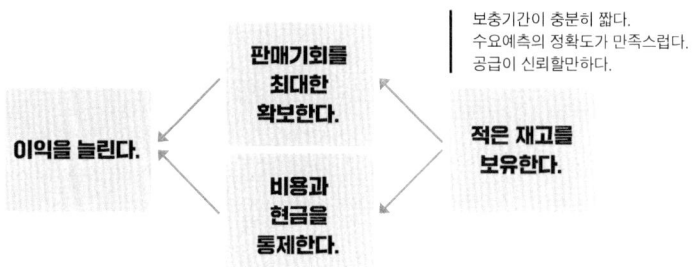

(그림 4.5) '재고의 딜레마' 해소

# 4.8
# 주문점시스템의 설계

주문점시스템을 설계할 때 정해야 할 것은 주문점과 발주량이다. 발주주기는, 목표재고시스템과는 달리, 주문점시스템의 설계 항목이 아니다. 재고수준이 주문점에 다다를 때 불규칙하게 정해지는 것이기 때문이다.

주문점은 다음과 같은 수식으로 표현된다.

$P = D \cdot L + S$

　　P : 주문점(Order Point)

　　D : 수요율(=수요량/단위기간)

　　L : 공급리드타임(=생산리드타임+수송리드타임)

　　S : 안전재고

(예제3) 다음과 같은 자료가 있는 상황에서 주문점을 정해 보자.
평균수요 30개/일, 공급리드타임 6일, 안전재고 2일분.

주문점은 30개/일× 6일+ 30개/일× 2일 = 240개이다.

발주량은 대개 경험적 판단에 의해 정해지고, 수학적 공식을 사용하는 것은 실용적이지 못하다. 왜냐하면 최적 발주량은 주문점에 따라 달라지며, 현실의 복잡한 변동성을 반영하는 것이 쉽지 않기 때문이다. 가장 간단한 계산법이 EOQ(Economoc Order Quantity)인데, 이것은 지나치게 단순화된 상황을 가정하여 만들어진 것이므로 현실성이 거의 없다.

그러므로 발주량은 사용자가 경험에 입각한 임의의 규칙을 사용하여 정한다. 예를 들면, 몇 개월분의 평균수요량이라든가 보관용기의 몇 배와 같이 정한다.

발주량을 정할 때 대량 구매가 되지 않도록, 또 발주주기가 길어지지 않도록 조심해야 한다. 구매비용을 줄이려고 대량 구매하는 것은 결코 비용을 절감시키지 못한다. 대량 구매하면서 발주주기가 길어진다면, 예기치 않은 상황에 대응할 수 있는 능력이 떨어진다. 결과적으로, 결품되는 품목이 늘어나 조립되지 못하는 경우가 많아지고 독촉비용이 증가한다. 결국 납품 실적이 나빠져 고객 불만족이 늘어나는 것을 피할 수 없다.

안전재고는 공급리드타임 동안의 변동성에 대응하기 위한 수량이며, 서비스수준에 의해 정해진다. 이 내용은 앞 4.6절에서 상세히 설명하였다. 특히 주문점시스템의 안전재고는 수요예측치의 오류를 감안하여 충분히 보유하는 것이 좋다.

이 주문점시스템을 운영하다보면 결과적으로 발주주기가 길어지게 된다. 예를 들어, 평균 수요가 매일 4개 발생하는 품목이 있는데, 주문점이 12개, 발주량은 20개라 하자. 월요일 아침에 15개의 재고가 있다 하더라도 언제 12개 이하로 떨어질지 알 수 없다. 화요일, 수요일, 혹은 목요일이 될 수도 있다.

만약 수요일 아침의 재고가 10개로 떨어진다면, 수요일에 20개를 발주할 것이다. 그렇지만 실제 발주는 며칠 후에 나갈 수도 있다. 매일매일 모든 품목을 점검하여 발주한다는 것이 만만치 않은 일이기 때문이다. 또, 만약 재고관리품목(SKU)이 몇 백 개 정도 된다면, 여러 품목을 모아서 한번에 처리하기 위해 며칠 기다린 후 발주할 수도 있다. 이런 연유로 실제로는 다음 주 월요일에나 발주할 수도 있다. 발주량이 20개이고 평균 수요가 4개/일이므로, 대략 1주마다 발주이 나갈 것으로 생각했지만, 현실적으로는 발주주기가 2주를 넘어 버릴 수도 있다.

이런 문제점들은 관리하는 품목이 많을수록 더 커진다. 이런 미세한 문제점들이 재고관리 시스템의 운영에 큰 장애물이 된다는 점을 인식할 필요가 있다.

그렇더라도 주문점시스템도 나름대로 활용할 가치는 있다. 정교하게 관리하지 않더라도 큰 불편이 없는 경우라면 이 시스템을 사용하는 것이 유리할 수 있다. 업무를 간편하게 처리할 수 있기 때문이다. 소모품과 같이 공용성이 크지만 수요량은 많지 않은 원자재/부자재들은 이 시스템으로 관리하여도 충분하다.

## 이해 돕기 문제

4-1 앞의 3.1절에 있는 (그림 3.1)과 (그림 3.3)에서 보충기간에 해당하는 구간을 표시해 보시오.

4-2 발주주기의 크기에 따라 상점재고와 가용재고의 크기는 각각 어떻게 달라지는가? 또 공급리드타임의 크기에 따라 상점재고와 가용재고의 크기는 각각 어떻게 변하는가?

4-3 다음은 어느 상품의 수요에 관한 확률 자료이다.

| 수요 | 확률 | 누적확율 |
|---|---|---|
| 50 | 15% | 15% |
| 100 | 45% | 60% |
| 150 | 35% | 95% |
| 200 | 5% | 100% |

만약 서비스수준이 90%가 되도록 재고를 비축해 둔다면 몇 개를 비축해야 하는가? 이 중 안전재고는 몇 개인가?

4-4 다음은 H사의 판매중인 상품에 관한 자료이다.

  수요량(개/주)의 분포 : 정규분포이며 평균 100개/주, 표준편차 40개

  구매리드타임 : 1주

  서비스수준 : 95% (표준화계수 1.645)

  목표재고시스템에서 발주주기 : 3주

  주문점시스템에서 발주량 : 200개

목표재고시스템을 설계할 때, 안전재고와 목표재고를 정하시오.
또 주문점시스템을 설계할 때, 안전재고와 주문점을 정하시오.

4-5 유통회사에서 사용하는 리스크 풀링(Risk Pooling)의 구체적인 사례들을 조사해 보시오.

# 제5장
# 보충시스템의 운영

> 목표재고 조정이 필요하다는 의미로 그런 제품에는 빨강 경고 표시가 깜박이도록 하자는 해결책을 발견했지.
>
> - 폴은 어떻게 재고관리 해결사가 되었을까?(Isn't It Obvious?), p.176

5.1 목표재고를 조정한다

5.2 시스템을 운영하는 버퍼관리

5.3 버퍼관리 예제

5.4 동적버퍼관리

5.5 동적버퍼관리의 실행

5.6 동적버퍼관리 실무 프로세스

5.7 공급리드타임이 긴 경우의 버퍼관리

5.8 창고재고와 가용재고의 합동 버퍼관리

5.9 주문점시스템의 버퍼관리

5.10 보충시스템의 성과지표

## 5.1
## 목표재고를 조정한다

지금까지 우리는 보충시스템의 설계도를 그려왔다. 목표재고시스템과 주문점시스템의 특징과 용도를 살피면서, 이 두 시스템의 설계방법을 설명하였으며, 특히 목표재고시스템을 그 용도와 효과가 크기 때문에 더 상세히 알아보았다.

이제 보충시스템의 운영방법을 심도있게 다룰 차례가 되었다. 이 운영방법도 목표재고시스템을 중심으로 설명할 계획이다. 이것을 충분히 설명하면 주문점시스템의 운영방법도 거의 모든 내용이 설명될 터인데, 그것은 목표재고시스템 운영방법의 일부만 채택하여도 주문점시스템을 운영할 수 있기 때문이다.

이런 맥락에서 우선 수요변동에 맞추어 목표재고를 조정하는 방법을 알아보자.

수요량은 일정하지 않고 항상 변동하기 마련이다. 뿐만 아니라, 수요량의 평균치, 즉 수요율이 바뀌는 경우도 있다. 매주 평균 100개 소비되던 것이 평균 150개로 증가하거나 평균 70개로 줄어들기도 한다. 경쟁사 제품의 출시, 신기술의 적용, 특정 품목의 단종, 계절적 변동 등의 원인으로 수요의 추세가 바뀌는 것이다. 이런 수요율의 증감이 창고(또는 상점)의 재고수준에 어떤 영향을 미치는 것일까?

먼저 수요율이 증가하는 경우를 알아보는데, 아래 (그림 5.1)이 그 모습을 보여준다.

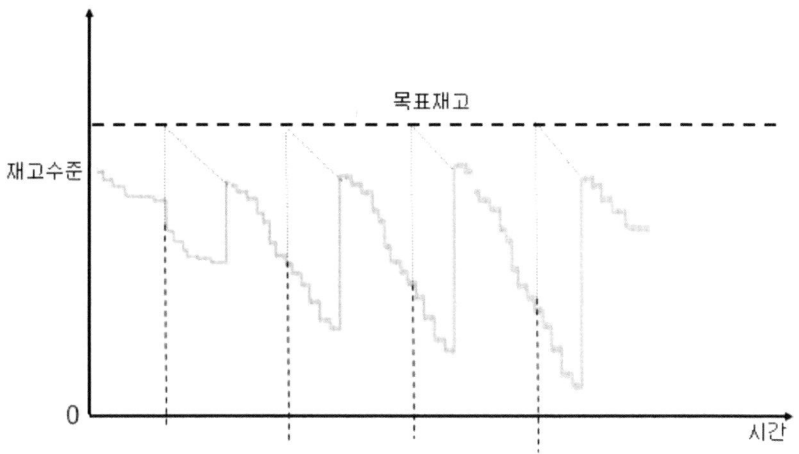

(그림 5.1) 수요율이 증가할 때 재고수준이 변동하는 모습

위 그림에서, 수요가 점점 늘어나는 추세가 있으면 창고(또는 상점)의 재고수준은 점점 낮아진다. 이번 기간의 수요가 이전 기간의 수요보다 더 많아지는 추세인데, 비록 주문량이 늘더라도 재고수준은 점점 더 낮아진다. 주문량을 이전 기간의 수요로 정하기 때문이다.

이럴 때 우리는 재고수준이 더 이상 내려가지 않도록 조치를 취해야 한다. 주문량을 늘리거나, 또는 긴급한 상황이라면 발주된 것을 독촉할 수도 있다. 주문량 늘리는 방법으로 우리는 목표재고 수준을 높이는 방법을 사용한다. 또 수요가 점점 감소하는 경우를 다음 (그림 5.2)에서 살펴보자.

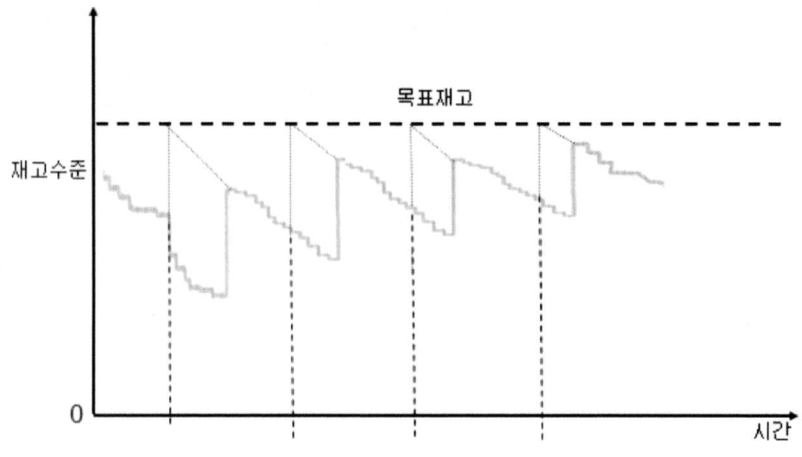

(그림 5.2) 수요율이 감소할 때 재고수준이 변동하는 모습

　수요가 점점 줄어듦에 따라 상점의 재고수준이 점점 높아지는 것을 볼 수 있다. 비록 주문량을 줄이더라도 재고수준은 점점 더 높아진다. 이전 기간의 소비량(수요)만큼 주문했는데 이번 기간에는 이만큼 소비하지 못하는 추세이기 때문이다.
　이럴 때 우리는 재고수준이 더 이상 올라가지 않도록 조치를 취한다. 발주된 주문을 취소하거나 입고를 연기시킬 수도 있겠지만, 그것은 공급자와 관계를 해칠 수 있으므로 바람직하지 못하며, 일시적인 대책에 불과하다. 그보다는 주문량을 줄이는 것이 필요하며, 그러기 위해 목표재고 수준을 낮추는 방법을 사용한다.
　이처럼 수요량이 상승세 혹은 하락세의 추세를 갖고 있다면, 여기에 대응하여 목표재고를 키우거나 줄인다. 이러한 목표재고의 조정 프로세스를 우리는 버퍼관리(Buffer Management)라 말하는데, 다음 장부터 자세히 설명한다.

그런데 목표재고를 조정해야 할 상황은 다른 요인들에 의해서도 발생한다. 판매부서의 프로모션이나 계절적 특수와 같은 것들로서, 이런 요인들은 거의 확실하게 수요를 변동시킨다. 이런 경우에는 창고의 재고수준 변동을 보면서 조치를 취하는 것보다, 사전에 선제적으로 목표재고를 미리 조정하는 방법을 사용한다.

예를 들어, 계절변동에 대비하는 목표재고 조정 방법은, 먼저 성수기에 기대할 수 있는 최대 판매량을 예측해 둔다. 그리고 이 성수기 동안에 가능한 공급량을 확인한다. 그리고 최대 판매량에서 가능 공급량을 빼면 이 수량이 성수기 이전에 확보해 둘 추가 공급량의 목표치가 된다. 성수기가 오기 전에 이 수량 만큼 목표재고를 높여서 재고를 확보해 두자는 것이다. 그러면 과잉재고를 유발하지 않고 판매 예측량만큼 공급하는 데에도 지장이 없어진다.

그렇지만 추세가 아닌 일회성의 수요 급등이나 급감이 발생한 경우에는 목표재고를 조정하지 않고 특별주문이나 추가주문으로 처리한다. 목표재고를 조정해버리면 그 이후에 과잉재고나 결품을 계속 발생시키기 때문이다.

이처럼 목표재고시스템을 운영하기 위해서는 목표재고를 조정할 때와 조정하지 않아야 할 때를 사전에 구분해 둔다. 동적버퍼관리와 정책적 판단을 혼합하여 그 절차를 미리 정해두는데, 이런 준비가 있어야 수요예측의 오차에 휘둘리지 않고 적정재고를 유지하면서 수요 변동에 대응할 수 있다.

## 5.2
## 시스템을 운영하는 버퍼관리

목표재고시스템은 공급사슬경영(SCM)의 핵심 엔진이 된다. 이 시스템은 수요량과 보충기간을 근거로 목표재고를 정해두고 이를 기준으로 삼아 재고를 운영하는 것이 특징이다. 그러므로 목표재고는 수요 변동의 영향을 완화시키는 완충(buffer) 역할을 하며, 이런 뜻에서 목표재고를 조정하고 관리하는 것을 우리는 버퍼관리(Buffer Management)라 부른다[1].

지금부터 설명하려는 버퍼관리는 보충시스템이 구축된 후 재고수준을 모니터하면서 목표재고를 운영하는 과정이며, 실질적으로 목표재고시스템을 운영하는 업무프로세스의 골격에 해당한다. 버퍼관리에서는 다음의 두 가지 일을 한다.

첫째는, 창고(상점)재고의 목표재고를 세 개의 구역으로 나누고(이것을 '버

---

1  TOC재고관리에서 'Buffer'라는 용어는 '목표재고'와 동일한 의미이다. '버퍼'는 수요변동을 흡수하는 완충 작용의 도구이기 때문이며, 독자의 이해를 돕기 위해 용어를 의역하여 사용하고 있다. 그러므로 '버퍼관리(Buffer Management)'는 목표재고를 조정하면서 적정재고를 유지시키는 업무프로세스를 의미한다.

퍼구역'이라 말한다), 각 구역을 녹색, 황색, 적색으로 표시한다(이것을 '버퍼색상'이라 말한다). 그리고 창고(상점)에서 보유하고 있는 재고의 수량이 어느 구역에 해당하는지 확인한다.[2]

둘째는, 창고재고의 버퍼색상을 모니터하면서 목표재고를 조정하거나 발주 계획을 세운다. 이 두 가지를 더 자세히 설명하기 위해 다음 (그림5.3)의 그래프를 준비하였다.

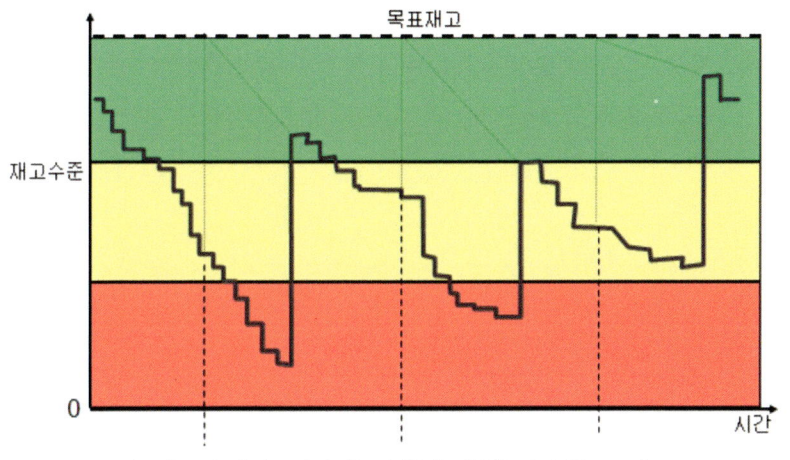

(그림 5.3) 버퍼구역과 재고수준의 변동을 나타내는 그래프

버퍼구역은 위로부터 아래로 녹색구역, 황색구역, 그리고 적색구역으로 구분되어 있으며, 그 크기는 각각 목표재고의 1/3이다.

위 그림에서 재고수준을 나타내는 검정색 실선은 창고의 실물 재고 수량을 나타낸다. 이 실물 재고의 수량이 중간의 황색구역을 중심으로 오르락 내리락하면 비교적 적정재고로 운영되고 있는 것으로 간주한다.

이 창고재고가 녹색구역에 있다면, 이것은 소비량에 비하여 재고가 너

---

[2] 버퍼구역을 가용재고 기준으로 구분할 수도 있다. 여기에 관한 내용은 5.6절에서 다룬다.

무 많은 상태임을 나타내며, 결품 발생의 우려는 없지만 오히려 과잉재고의 부담을 느끼게 하는 재고수준이다.

황색구역의 창고재고는 적절한 재고수준을 나타낸다. 이 상태에서는 특별한 조치가 필요하지 않고 소비와 공급이 균형을 이루고 있다고 판단한다.

그러나 적색구역은 결품이 발생할 가능성이 큰 것을 나타낸다. 독촉하거나 긴급주문을 내어 재고수준을 높이라는 신호이다.

창고재고를 목표재고와 비교하여 백분율(%)로 나타낼 수 있다. 이것을 우리는 '버퍼상태'라 말하며 다음과 같이 계산한다.

$$버퍼상태(\%) = 창고재고수준 / 목표재고$$

버퍼상태[3] 수치가 클수록 창고재고가 높은 수준임을 나타내며 녹색구역 쪽에 위치해 있고, 낮을수록 창고재고가 낮은 수준이고 적색구역 쪽에 위치해 있다. 재고수준이 적색구역으로 내려오면(우리는 이것을 '적색구역이 침투된다'라고 말한다.) 버퍼상태는 33.3% 이하가 된다. 다음 (표5.1)을 보자.

(표 5.1) 재고수준에 따른 버퍼상태

| 품목 | 목표재고 | 창고재고 | 버퍼상태(%) | 적색구역 침투량 | 버퍼색상 |
|---|---|---|---|---|---|
| A | 1000 | 300 | 30% | 33 | 적색 |
| B | 100 | 48 | 48% | 침투안함 | 황색 |
| C | 2000 | 500 | 25% | 166 | 적색 |
| D | 500 | 350 | 70% | 침투안함 | 녹색 |

---

[3] 어떤 사람들은 버퍼상태 대신 버퍼침투상태를 사용한다. 이것은 (100%-버퍼상태)이며, 계산식은 다음과 같다. 버퍼침투상태(%) = (목표재고 - 창고재고) / 목표재고

위 표에서 품목 A의 버퍼상태가 30%이다. 이것을 적색구역 침투량으로 표현하면, (0.333-0.30)*1000=33개이다. 또 품목 C의 버퍼상태는 25%이며, 적색구역 침투량은 (0.333-0.25)*2000=166개이다.

이 예제에서, 사람들은 보통 품목 A보다 품목 B에 더 관심을 두고 재고를 관리한다. 창고재고가 A는 300개나 있지만, B는 48개 밖에 없어 결품날까 불안하기 때문이다. 그렇지만 품목 A가 품목 B보다 더 긴급하다. 품목 A는 버퍼상태가 30%에 불과하고 적색구역 침투량이 33개나 되기 때문이다.

위 품목 4개를 서로 비교하면, 가장 긴급한 것은 품목 C이다. 비록 창고에 가장 많은 수량을 보유하고 있지만, 버퍼상태로 보면 결품 가능성이 다른 품목에 비해 더 크기 때문이다.

이처럼 버퍼상태/버퍼색상은 재고 보충의 긴급성을 나타낸다. 이것은 창고 수량이 적은 것을 긴급한 것으로 판단하지 않고, 목표재고와 비교하여 상대적으로 적은 것을 더 긴급하다고 판단하는 방법이다.

버퍼관리는 재고를 운영하고 통제하는 도구이다. 버퍼관리는 친절한 형식의 도구이며, 버퍼색상을 확인하고 이 색상에 따른 적절한 조치를 가이드한다. 특히 적색과 녹색은 각각 결품과 과잉재고를 신속하게 알려주므로 이를 모니터하면 재고를 적정수준으로 유지시킬 수 있다.

Schragenheim[2]은 버퍼와 버퍼관리의 역할을 다음과 같이 이야기한다:

> "TOC는 매우 불확실한 상황에서 지나치게 정교한 것(고도의 예측 기법처럼)을 지양하고, 그 대신 '불만없는(good enough)' 수준에서 강건(robust)한 보충시스템을 구축하려고 노력한다. 초기 파라메터는 개략적인 추세 예측으로 설정하고, 수요와 보충기간의 변동성을 판단하여 조정해 간다. 그리고 예외 상황을 다룰 수 있도록 우선순위를 정하여 실행을 통제함으로써 '불만없는' 시스템을 보완한다."

## 5.3 버퍼관리 예제

　　버퍼관리의 이해를 돕기 위해 다음 예제를 준비하였다. 아래 (표 5.2)를 보자. 매주 수요량이 제3열에 적혀 있으며, 주문주기는 1주, 공급리드타임은 4주, 그리고 목표재고가 3,000개이며, 현재 창고재고는 3,000개이다. 버퍼구역은 목표재고를 3등분하여 녹색, 황색, 적색 구역을 각각 동일한 크기로 정해두었다. 즉, 녹색구역은 2,001~3,000개, 황색구역은 1,001~2,000개, 그리고 적색구역은 0~1,000개이다.

〈표 5.2〉 버퍼관리 예제(목표재고시스템 적용)

(공급리드타임 4주, 주문주기 1주, 목표재고 3,000)

| 주 | 창고재고 (주초) | 수요량 | 미입고주문 (open order) | | | | | | 입고 | | 창고재고 (주말) | 가용재고 (주말) | 주문 | |
|---|---|---|---|---|---|---|---|---|---|---|---|---|---|---|
| | | | PO1 | PO2 | PO3 | PO4 | PO5 | PO6 | 주문번호 | 입고량 | | | 주문번호 | 주문량 |
| 1 | 3,000 | 500 | | | | | | | | | 2,500 | 2,500 | PO1 | 500 |
| 2 | 2,500 | 400 | 500 | 400 | | | | | | | 2,100 | 2,600 | PO2 | 400 |
| 3 | 2,100 | 500 | 500 | 400 | 500 | | | | | | 1,600 | 2,500 | PO3 | 500 |
| 4 | 1,600 | 700 | | 400 | 500 | 700 | | | PO1 | 500 | 900 | 2,300 | PO4 | 700 |
| 5 | 900 | 300 | | | 500 | 700 | 300 | | PO2 | 400 | 1,100 | 2,700 | PO5 | 300 |
| 6 | 1,100 | 600 | | | 500 | 700 | 300 | | | | 900 | 2,400 | PO6 | 600 |

이 표를 보면, 제1주에 수요가 500개 발생하여 창고재고(주말)가 2,500이 되었다. 그러므로 이 품목의 버퍼상태는 83%(=2,500/3,000)이고 버퍼색상은 녹색이다. 만약 이것을 보충하기 위하여 제1주(주말)에 500개를 PO1으로 발주하면, 이것은 제5주에 입고될 것이다.

제2주에는 수요가 400이 발생되어 PO2 400개를 발행하고 제6주에 입고시킬 예정이다. 그런데 창고재고(주말)는 2,100으로 줄고 버퍼색상은 아직 녹색이다.

또 여기서 PO1의 버퍼색상도 녹색으로 표시해 두면 유용하다. 제2주의 창고재고(주말)가 2,100개인데, PO1의 500개가 입고되면 2,600개가 되어 창고재고(주말)의 버퍼색상을 녹색으로 계속 유지시키기 때문이다.

제3주에 500개의 수요가 발생하고 창고재고(주말)가 1,600개로 줄고 버퍼색상이 황색으로 바뀐다. 그리고 PO3가 500개 발주된다. 그렇지만 PO1과 PO2의 버퍼색상은 아직 녹색이다. 왜냐하면, PO1의 500개가 입고된다면 창고재고(주말)가 2,100개가 되며, 마찬가지로 만약 PO2의 400개도 입고된다면 창고재고(주말)가 2,500개가 되기 때문이다.

제4주에 700개의 수요가 발생하고 창고재고(주말)가 900개로 줄고 PO4가 700개 발주된다. 이제 창고재고(주말)의 버퍼색상은 적색으로 바뀌고, PO1과 PO2는 황색이 된다. PO1의 500개와 PO2의 400개가 입고되더라도 창고재고(주말)은 1,800개에 머무르기 때문이다. 그렇지만 PO3는 녹색이다. PO3의 500개가 입고되면 1,800에서 2,300개로 증가하기 때문이다.

이처럼 각 주문이 입고될 때마다 창고재고 수준에 달라지며, 이 수준을 버퍼색상 녹색, 황색, 또는 적색을 표시한다. 각 주문마다 버퍼색상으로 표시해가는 것은 발주관리에 유익한 정보로 활용될 수 있다. 다음 (그림 5.4)는 위에 설명한 내용을 버퍼관리용 그래프 형식으로 다시 그린 것이다.

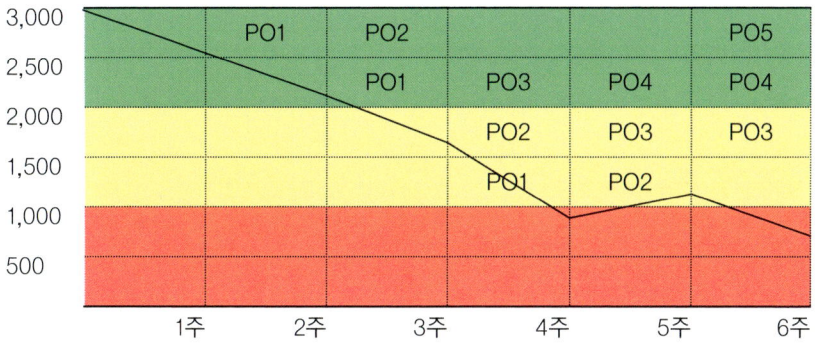

(그림 5.4) 창고재고수준과 주문별 버퍼색상

　(그림 5.4)에서 검정색 실선 그래프는 주말의 창고재고(주말)를 나타낸다. 또 각 주문 PO1~PO6의 버퍼색상은 매주 PO1~PO6가 적혀있는 위치의 색상으로 표현되어 있다. 이와 같이 발주된 주문마다 버퍼색상을 칠해 두면, 재고관리자는 창고재고의 긴급도에 맞추어 발주된 수량의 입고 시기를 조절할 수 있다.

## 5.4 동적버퍼관리

버퍼관리는 수요의 변동에 대응하여 업무처리의 긴급도를 알려줌으로써 적정재고를 유지시키는 방법인데, '동적(Dynamic)'이라는 수식어가 '시간의 경과에 따른 상황의 변화'에 적응하여 버퍼관리한다는 것을 강조한다.

적색의 버퍼색상은 결품의 우려가 있음을 표시한다. 만약 재고수준이 적색구역으로 내려오면(적색구역을 침투하면) 결품 방지를 위한 민첩한 조치가 요구된다. 또 녹색의 버퍼색상은 재고가 지나치게 많아지고 있음을 표시한다. 만약 재고수준이 녹색구역으로 올라가면(녹색구역을 침투하면) 과잉재고 방지를 위한 민첩한 조치가 요구된다.

우리가 취하는 민첩한 조치는 다음의 두 가지가 있다.

- 먼저, 버퍼구역 침투를 확인한다. 적색구역 침투인 경우, 미입고 주문(open order)의 진행상황을 확인하고, 가능한 빠른 시간에 입고될 수 있도록 독촉한다. 녹색구역 침투인 경우, 미입고 주문의 입고를 연기시

키거나 새 주문을 내지 않는다.
- 다음, 버퍼구역(적색 혹은 녹색) 침투의 크기를 살피며 목표재고를 조정한다.

목표재고의 조정은 참 재미있는 일이다. 버퍼구역 침투 상태를 모니터함으로써 재고수준을 손쉽게 통제하고 관리할 수 있다. 군이 생산계획에 민감하게 반응하지 않으면서 완제품 재고와 비축자재 재고를 통제할 수 있고, 군이 수요변동에 민감하게 반응하지 않으면서 유통재고를 관리할 수 있다. 이것은 업무를 간소화시키면서도 결품과 과잉재고를 줄일 수 있게 한다.

동적버퍼관리 (Dynamic Buffer Management)는 수요의 변동에 대응하면서 목표재고시스템을 운영하는 방법이다. 수요율의 변동과 공급자의 공급능력 변동, 그리고 공급리드타임의 변동 등이 있을 때, 목표재고를 조정해야 할 상황은 다음 세 가지이다.

(1) 목표재고가 너무 낮게 설정되어 있다.

이것은 수요에 비하여 재고를 너무 적게 유지하는 상황을 말한다. 목표재고는 보충기간 동안의 수요를 감안하여 정해둔 것인데, 수요가 예상했던 것보다 너무 많았다면 현재 재고가 너무 적게 유지되고 있음을 의미한다. 이런 경우에는 결품을 방지하기 위하여 목표재고를 높인다.

(2) 목표재고가 너무 높게 설정되어 있다.

이것은 수요에 비하여 재고를 너무 많이 가지고 가는 상황을 말한다. 수요가 예상했던 것보다 너무 적었던 경우이며, 판매 상황과 비교해 볼 때 재고가 너무 많다는 것을 의미한다. 이런 경우에는 목표재고를 낮추어도 결품이 발생하지 않을 것이다.

**(3) 계절적 요인, 프로모션 또는 특별한 사유가 발생한다.**
이런 일들은 목표재고를 설정할 당시 예상되었던 일이더라도 너무 일찍 조정하는 것은 과잉재고를 유발할 수 있다. 발생 시점에 맞추어 조정하는 것이 더 낫다.

동적버퍼관리는 실제 소비량에 따라 변하는 버퍼상태에 따라 목표재고를 조정하는 시스템이다. 여기서는 먼저 (1)과 (2)에 국한하여 그 조정 방안을 설명한다. (3)에 의한 조정은 앞에서 이미 개략적으로 언급하였으며, 5.6절에서 다시 추가 설명할 예정이다.

## 5.5
## 동적버퍼관리의 실행

　목표재고의 조정을 위해서, 우리가 관심있게 보는 것은 버퍼의 적색구역과 녹색구역의 침투 발생 상황이다. 이 침투가 발생했을 때 침투량과 침투기간을 보면서 목표재고 조정을 판단할 수 있다.
　위 (표5.1)에서 품목 A의 침투량이33개이고, 품목 C의 침투량은 166개이었음을 기억하자.
　또 침투기간의 예를 보자. 만약 주문주기가 30일(1개월)이라 할 때, 적색구역으로 침투되는 것은 대략 월말 무렵이다. 침투기간은 얼마나 될까? 만약 근무기간25일 중 월말의1~2일 동안 침투가 발생한다면, 침투기간은 전체 기간의 4~8% 정도이다. 이런 침투량과 침투기간은 목표재고 조정의 기준으로 중요한 역할을 한다.
　다음 (그림 5.5)는 목표재고를 상향 조정하는 경우를 보인다.

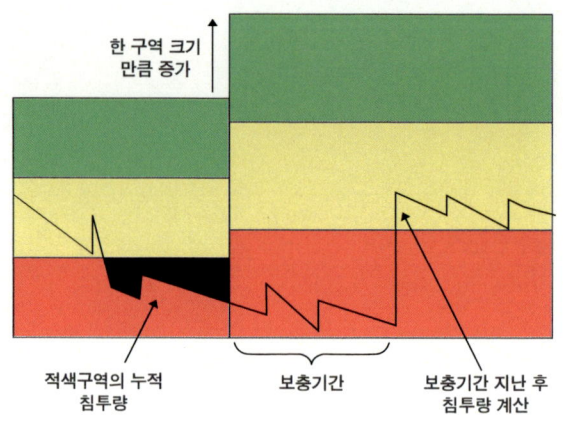

(그림 5.5) 목표재고의 상향 조정(자료: Goldratt Consulting)

만약 재고가 적색구역을 '너무 많이' 침투하면 목표재고를 한 구역만큼 높인다. '너무 많이'라는 뜻은 침투량이 너무 많거나, 침투기간이 너무 길거나, 혹은 누적침투량(예, 위 그림에서 적색구역의 검정색 도형의 면적)이 너무 큰 경우 등이다.

만약 침투기간을 사용한다면, 침투기간이 어느 기준보다 길어질 때 목표재고를 조정한다. 예를 들어 적색구역 침투기간이 보충기간의 절반 이상 지속된다면, 목표재고를 한 구역의 크기만큼 높인다. 이 크기를 '한 구역'으로 정한 것은 경험적인 결과이며 어떤 계산의 결과는 아니다. 이렇게 하는 것이 실무적으로 간편하며 기능적으로도 충분하기 때문이다.

만약 누적침투량을 사용한다면, 누적침투량 면적을 적색구역의 전체 면적과 비교하여 어느 기준 이상이면 버퍼침투가 너무 많은 것으로 판단한다. 예를 들어, 보충기간동안의 누적침투량 면적이 적색구역 면적의 30%를 초과하면 버퍼침투가 너무 많은 것으로 판단하여 목표재고를 높인다. 누적침투량 면적을 계산하는 것은 어려운 일이 아니다. 매일매일 침투량을 합해두면 그만이다.

버퍼침투가 이렇게 판단될 때, 목표재고는 '한 구역'만큼 상향 조정되고, 발주량은 실제 소비량에 '한 구역'만큼 수량이 더하여 정해진다.

그리고 이 발주량이 입고되는 것을 기다린 후, 즉 보충기간만큼 기다린 후(이렇게 기다리는 기간을 우리는 '냉각기간(Cooling Period)'이라 부른다)에 다시 적색구역의 침투 여부를 관찰하기 시작한다. 냉각기간을 두고 기다리는 것은 조정한 결과를 먼저 확인한 후에 다시 또 조정할 것인지 판단하자는 것이며, 만약 조정 결과가 발생하기 전에 조정을 추가하면 조정이 계속 일어나 목표재고는 끝없이 높아지고 말 것이다.

이번에는 목표재고를 하향 조정하는 경우를 보자.

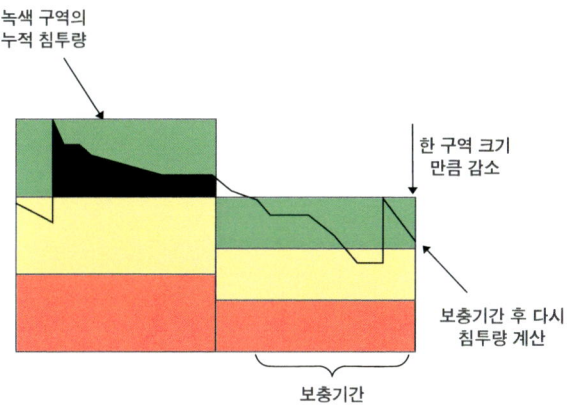

〈그림 5.6〉 목표재고의 하향 조정(자료: Goldratt Consulting)

만약 재고가 녹색구역을 '너무 많이' 침투하면 목표재고를 한 구역만큼 낮춘다. '너무 많이'라는 뜻은 침투량이 너무 많거나, 침투기간이 너무 길거나, 혹은 누적침투량(예. 위 그림에서 녹색구역의 검정색 도형의 면적)이 너무 큰 경우 등이다.

만약 침투기간을 사용한다면, 침투기간이 어느 기준보다 길어질 때 목표재고를 조정한다. 예를 들어 녹색구역 침투기간이 보충기간의 절반 이상 지속된다면, 목표재고를 한 구역의 크기만큼 낮춘다.

만약 누적침투량을 사용한다면, 누적침투량 면적을 녹색구역의 전체 면적과 비교하여 어느 기준 이상이면 버퍼침투가 너무 많은 것으로 판단한다. 예를 들어, 보충기간동안의 누적침투량 면적이 녹색구역 면적의 30%를 초과하면 버퍼침투가 '너무 많다'고 판단할 수 있다.

이렇게 버퍼침투가 판단되어 목표재고가 하향 조정되면, 실제 재고수준을 관찰하기 시작한다. 그리고 실제 재고수준이 조정된 목표재고까지 줄어들고 다시 보충기간만큼 시간이 경과한 후(냉각기간이 지난 후), 그 때부터 녹색구역의 침투 상황을 관찰하기 시작한다. 그러므로 여기서는 냉각기간이 보충기간보다 더 길다. 만약 이런 냉각기간을 두지 않으면 자칫 목표재고가 끝없이 낮아지고 말 것이다.

## 5.6
## 동적버퍼관리 실무 프로세스

동적버퍼관리의 목적은 수요 변동에 대응하여 적정재고를 유지시키는 것이다. 수요의 변동은, 수요율의 변동과 공급자의 공급능력 변동을 포함한다.

동적버퍼관리가 실무적으로 원활하게 수행되려면 그 프로세스가 미리 규정되어서 업무 내용과 절차에 혼선이 없어야 한다. 이런 프로세스를 미리 정해두고 실제 업무에 적용할 뿐만 아니라 문서화해 두는 것이 필요하다.

(그림 5.7)은 이런 실무 프로세스의 예시이다. 목표재고를 다시 산정해야 할 필요는 계절적 요인이나 프로모션이 있는 경우에 발생한다. 그 뿐만 아니라 재고상황을 모니터하거나 정기적으로 점검하는 과정에서도 발생한다. 이 때는 냉각기간의 경과 여부를 확인해야 한다. 또 이 일의 담당자, 자료의 수집, 계산 근거, 판단기준, 의사결정자를 미리서 명확히 정해 둔다.

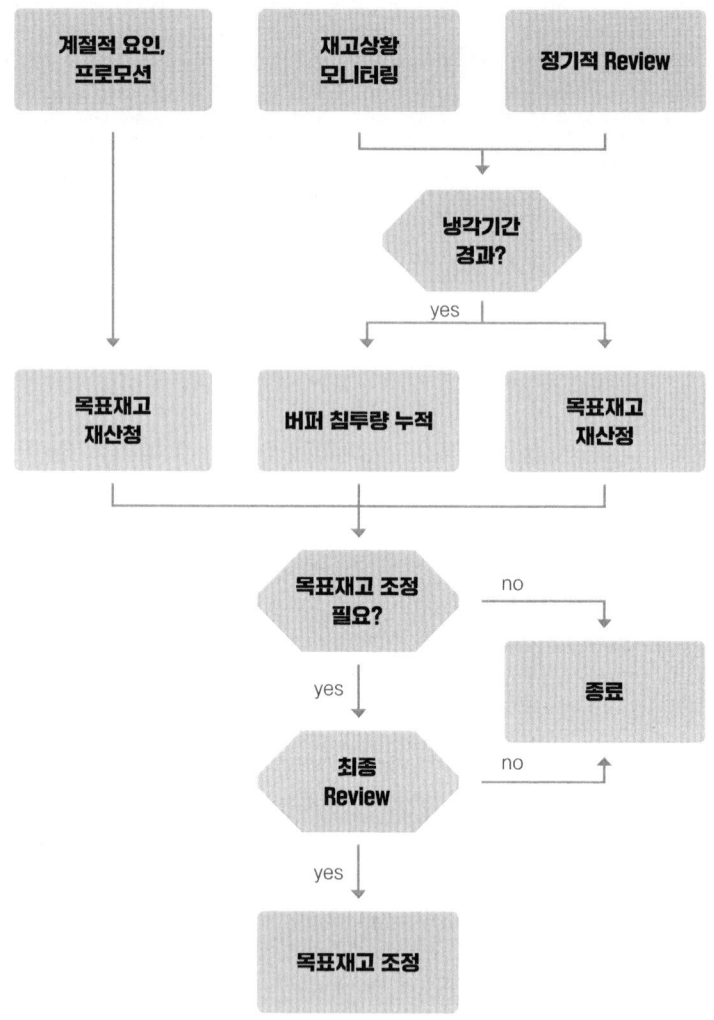

〈그림 5.7〉 동적버퍼관리의 실무 프로세스 예시

　　계절적 요인이나 프로모션에 의해 수요의 급격한 증가 또는 감소가 예상되는 경우에는 이 버퍼관리의 운영에 특별한 주의가 필요하다. 상황에 따라 버퍼관리 운영을 잠시 멈추는 것도 검토해 보아야 한다.

아래 (그림 5.8)을 보자. 여기서 실선은 실제 수요를 나타내며, 점선은 재고수준을 나타낸다. 이 때 회색 표시된 구간이 버퍼관리 운영을 잠시 중단하는 시간이다.

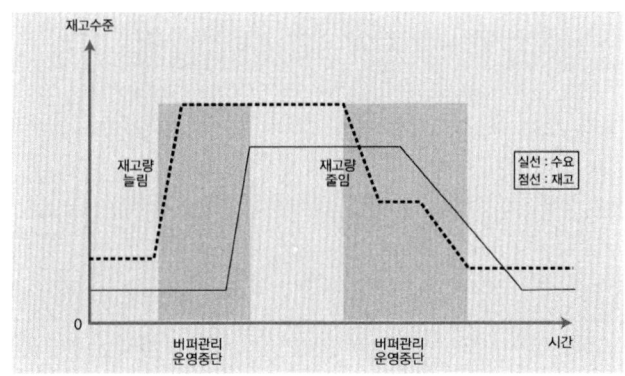

이 그림은 목표재고에 구애받지 않고 재고수준을 잠시 경영관리자의 상황 판단으로 높이거나 낮추는 모습을 보인다.

급격한 수요증가가 예상될 때는 목표재고보다 더 많은 재고를 미리 준비하며, 이를 위해 잠시 버퍼관리를 작동시키지 않는다. 그리고 수요가 안정되어가면 다시 버퍼관리를 가동한다. 급격한 수요감소가 예상되는 경우에도 목표재고를 무시하고 재고수준을 낮추고, 수요가 안정될 때까지 버퍼관리 운영을 중단한다.

## 5.7
## 공급리드타임이 긴 경우의 버퍼관리

앞서 설명했듯이 보충기간은 주문주기와 공급리드타임 (=제조리드타임+수송리드타임)의 합이다. 그런데 주문주기에 비해 공급리드타임이 매우 긴 경우가 있는데, 이런 상황에서는 목표재고가 창고재고에 비해 매우 높은 수준이 된다. 발주하였지만 아직 입고되지 않은 수량이 늘어나서 가용재고(=창고재고+미입고 주문량-확정된 수요)가 늘어난다. 미입고 주문량은 공급리드타임에 비례하기 때문이다(4.1절 참조).

이런 경우에는 버퍼구역(녹색, 황색, 적색)의 크기를 정하는 방법에 변화가 필요하다. 세 가지 버퍼구역의 크기를 각각 목표재고의 1/3로 정하는 일반적인 규칙은 적절하지 않을 수 있다. 만약 적색구역을 목표재고의1/3 크기로 정해둔다면, 비록 버퍼색상이 적색이더라도 창고재고의 결품 확률은 매우 작을 수 있다. 적색구역의 신호가 결품 경고의 역할을 하지 못한다는 말이다. 곧 입고될 미입고 주문량이 충분하기 때문이다.

이런 상황을 보완하려면 적색구역의 크기를 1/3보다 작게 정하고 녹색구역의 크기는 1/3보다 더 크게 정하는 것이 좋다.

이 내용을 앞의 (표 5.2) 예제를 참조하여 설명해 보자. 이 예제는 주문주기가 1주, 공급리드타임은 4주, 목표재고는 3,000개이며, 3개의 버퍼구역 크기를 각각 1,000개로 동일하게 설정하였다.

이 예제를 바꾸어서 공급리드타임을 4주에서 9주로 늘린다면, 버퍼구역은 어떻게 달라져야 할까? 먼저, 보충기간이 5주에서 10주로 늘어나므로 목표재고도 그에 상응하여 높아진다. 예를 들어 6,000개라 하자.

만약 각 버퍼구역의 크기를 목표재고의 1/3로 정한다면, 적색구역은 0~2,000개, 황색구역은 2,001~4,000개, 녹색구역은 4,001~6,000개로 정해진다. 과연 이런 구역 설정은 타당한가?

이것을 확인하기 위해 다음 (표 5.3)을 보자. 이것은 (표 5.2)에서 공급리드타임이 4주이던 것을 8주로 늘려 다시 작성한 것이다.

(표 5.3) 공급리드타임이 긴 경우의 버퍼관리 예제(1) - 목표재고 6,000, 적색구역 크기 2,000

| 주 | 창고재고(주초) | 수요량 | 미입고 주문량 (단위:100) | | | | | | | | | | | 입고 | | 창고재고(주말) | 가용재고(주말) | 발주 | |
|---|---|---|---|---|---|---|---|---|---|---|---|---|---|---|---|---|---|---|---|
| | | | PO1 | PO2 | PO3 | PO4 | PO5 | PO6 | PO7 | PO8 | PO9 | PO10 | PO11 | 주문번호 | 입고량 | | | 발주번호 | 발주량 |
| 1 | 6,000 | 500 | 5 | | | | | | | | | | | | | 5,500 | 5,500 | PO1 | 500 |
| 2 | 5,500 | 400 | 5 | 4 | | | | | | | | | | | | 5,100 | 5,600 | PO2 | 400 |
| 3 | 5,100 | 500 | 5 | 4 | 5 | | | | | | | | | | | 4,600 | 5,500 | PO3 | 500 |
| 4 | 4,600 | 700 | 5 | 4 | 5 | 7 | | | | | | | | | | 3,900 | 5,300 | PO4 | 700 |
| 5 | 3,900 | 300 | 5 | 4 | 5 | 7 | 3 | | | | | | | | | 3,600 | 5,700 | PO5 | 300 |
| 6 | 3,600 | 600 | 5 | 4 | 5 | 7 | 3 | 6 | | | | | | | | 3,000 | 5,300 | PO6 | 600 |
| 7 | 3,000 | 400 | 5 | 4 | 5 | 7 | 3 | 6 | 4 | | | | | | | 2,600 | 5,600 | PO7 | 400 |
| 8 | 2,600 | 500 | 5 | 4 | 5 | 7 | 3 | 6 | 4 | 5 | | | | | | 2,100 | 5,400 | PO8 | 500 |
| 9 | 2,100 | 700 | | 4 | 5 | 7 | 3 | 6 | 4 | 5 | 7 | | | PO1 | 500 | 1,900 | 5,500 | PO9 | 700 |
| 10 | 1,900 | 600 | | | 5 | 7 | 3 | 6 | 4 | 5 | 7 | 6 | | PO2 | 400 | 1,700 | 5,400 | PO10 | 600 |
| 11 | 1,700 | 500 | | | | 7 | 3 | 6 | 4 | 5 | 7 | 6 | 5 | PO3 | 500 | 1,700 | 5,500 | PO11 | 500 |
| 12 | 1,700 | 600 | | | | | 3 | 6 | 4 | 5 | 7 | 6 | 10 | PO4 | 700 | 1,800 | 5,400 | PO12 | 600 |

이 표에서 보면 PO1, PO2, PO3 그리고 PO4가 입고되는 시기에 버퍼 색상이 적색이다(각 PO의 버퍼색상 결정 방법은 5.3절 참조). 그런데 PO1과 PO2는 입고당시 창고재고가 각각 2,100개, 1,900개이며, 수요는 각각 700개, 600개 이므로 결품의 위험은 그리 크지 않다. 그런데 버퍼색상은 적색이 되어 결품 위험을 경고하는 신호가 나타난다. 굳이 미입고 주문을 독촉하거나 특별 대책을 세울 필요성이 없는 상황이므로 적색은 맞지 않는데, 적색구역이 너무 넓게 설정되었기 때문에 이런 결과가 생긴다.

이제 적색구역의 크기를 1,000개로 줄여서 버퍼관리를 진행해 보자. 아래 (표 5.4)가 그 결과를 나타낸다. 여기서는 적색구역은 0~1,000개로 정해두고, 황색구역은 1,001~2,000개, 녹색구역은 2,001~4,000개로 정하였다. 그리고 4001개 이상은 청색구역으로 표시하였다.

〈표 5.4〉 공급리드타임이 긴 경우의 바파관리 예제(2)
- 목표재고 6,000, 적색구역 크기 1,000

| 주 | 창고재고(주초) | 수요량 | 미입고 주문량 (단위:100) ||||||||||| 입고 || 창고재고(주말) | 가용재고(주말) | 발주 ||
|---|---|---|---|---|---|---|---|---|---|---|---|---|---|---|---|---|---|---|---|
| | | | PO1 | PO2 | PO3 | PO4 | PO5 | PO6 | PO7 | PO8 | PO9 | PO10 | PO11 | 주문번호 | 입고량 | | | 발주번호 | 발주량 |
| 1 | 6,000 | 500 | 5 | | | | | | | | | | | | | 5,500 | 5,500 | PO1 | 500 |
| 2 | 5,500 | 400 | 5 | 4 | | | | | | | | | | | | 5,100 | 5,600 | PO2 | 400 |
| 3 | 5,100 | 500 | 5 | 4 | 5 | | | | | | | | | | | 4,600 | 5,500 | PO3 | 500 |
| 4 | 4,600 | 700 | 5 | 4 | 5 | 7 | | | | | | | | | | 3,900 | 5,300 | PO4 | 700 |
| 5 | 3,900 | 300 | 5 | 4 | 5 | 7 | 3 | | | | | | | | | 3,600 | 5,700 | PO5 | 300 |
| 6 | 3,600 | 600 | 5 | 4 | 5 | 7 | 3 | 6 | | | | | | | | 3,000 | 5,400 | PO6 | 600 |
| 7 | 3,000 | 400 | 5 | 4 | 5 | 7 | 3 | 6 | 4 | | | | | | | 2,600 | 5,600 | PO7 | 400 |
| 8 | 2,600 | 500 | 5 | 4 | 5 | 7 | 3 | 6 | 4 | 5 | | | | | | 2,100 | 5,500 | PO8 | 500 |
| 9 | 2,100 | 700 | | 4 | 5 | 7 | 3 | 6 | 4 | 5 | 7 | | | PO1 | 500 | 1,900 | 5,300 | PO9 | 700 |
| 10 | 1,900 | 600 | | | 5 | 7 | 3 | 6 | 4 | 5 | 7 | 6 | | PO2 | 400 | 1,700 | 5,400 | PO10 | 600 |
| 11 | 1,700 | 500 | | | | 7 | 3 | 6 | 4 | 5 | 7 | 6 | 5 | PO3 | 500 | 1,700 | 5,500 | PO11 | 500 |
| 12 | 1,700 | 600 | | | | | 3 | 6 | 4 | 5 | 7 | 6 | 5 | PO4 | 700 | 1,800 | 5,400 | PO12 | 600 |

이 표에서 보면 PO1의 입고 당시 PO1의 버퍼색상은 황색이며, 창고재고(주말)의 색상도 황색(1,900개)이었다. 그리고 PO2~PO4도 마찬가지로 전부 황색이다. 그러므로 이 황색은 결품의 위험이 크지 않은 상황과 일치한다.

이 두 개의 예제를 비교해 봄으로써, 우리는 공급리드타임이 주문주기에 비해 상당히 길 경우, 적색구역의 크기를 목표재고의 1/3보다 적게 설정하는 것이 바람직하다. 적색구역의 크기를 목표재고의 1/4이나 1/5 정도로 설정하는 것을 추천한다. 그리고 녹색구역은 1/3보다 크게, 즉 2/5 나 1/2 정도로 설정하는 것이 더 좋다.

이상의 내용들을 실무 적용의 관점에서 요약해 둔다. 발주 후 입고되기까지의 공급리드타임이 긴 품목이라면, 주문주기를 짧게 하여 자주 발주한다. 이렇게 하면, 비록 창고재고는 많지 않더라도 이미 발주된 것들이 곧 입고될 것(미입고 주문량)이기 때문에 결품의 위험은 크지 않다. 그리고 또 적색구역의 크기를 목표재고의 1/3보다 적게 설정해 두면 적색 신호등이 결품의 위험을 알려주는 역할에 더 정확해진다.

## 5.8
## 창고재고와 가용재고의 합동 버퍼관리

앞에서 설명하기를, 공급리드타임이 주문주기에 비해 상당히 긴 경우에는, 미입고 주문량이 창고재고와 비교할 때 상대적으로 크기 때문에, 적색구역을 줄이고 녹색구역을 늘릴 필요가 있다고 하였다. 이것은 창고재고를 운영하는 버퍼관리에 해당하는 내용이다.

그런데 만약 우리가 가용재고에도 관심을 둔다면, 이것을 기준으로 버퍼색상을 정하여 사용하는 것도 유익하다. 이제 여기서는 가용재고 기준의 버퍼관리를 알아보고, 또 창고재고와 가용재고를 합동으로 활용하는 방법도 설명한다.

가용재고는 미입고 주문량과 창고재고를 모두 포함하는 수량이므로(더 정확히 말하면, 여기서 확정된 수요를 차감한 수량이다) 미입고 주문량을 관리하는 데 유용하다.

창고재고가 적더라도 만약 가용재고가 충분하다면 결품의 위험은 그리 크지 않을 것이다. 곧 입고될 수량이 있기 때문이다. 이런 경우에는 새로 발주하기보다는 아직 미입고된 발주량을 독촉하는 것이 더 효과적이다.

만약 가용재고가 충분하지 않다면, 새로 발주하는 것이 필요하다. 더욱이 창고재고 수량이 넉넉하지 않다면 신규 발주를 급히 서둘러야 할 것이다.

이러한 개념에서 하나의 품목에 대해 가용재고 버퍼구역과 창고재고 버퍼구역을 모두 설정해 두고 이 두가지 버퍼를 합동으로 관리한다면, 적은 재고로 결품의 위험에 대처할 수 있는 능력을 키울 수 있다. 우리는 이 버퍼구역들을 다음 (그림 5.9)와 같이 설정한다.

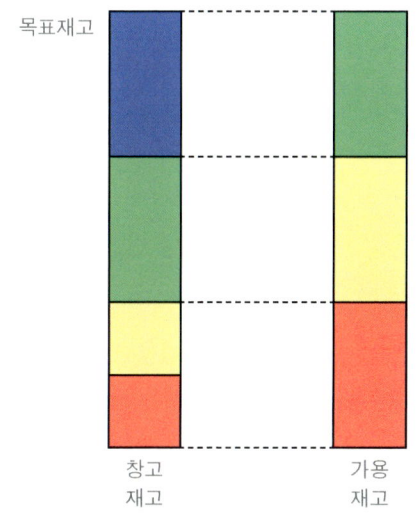

(그림 5.9) 창고재고와 가용재고의 버퍼구역 설정(예)

이 그림에서, 가용재고의 버퍼구역은 각 버퍼색상마다 목표재고의 1/3이다. 그리고 창고재고의 버퍼색상은 다음과 같이 정해둔 것이다;

- 적색과 황색은 가용재고 적색구역에 해당하는 수준을 1/2로 나누어 아래는 적색, 위는 황색이 된다.

- 녹색은 가용재고 황색에 해당하는 구역이다.
- 청색은 가용재고 녹색구역에 해당하는 구역이며 과잉재고상태를 나타 낸다.

이것은 하나의 예이며, 5.2절에서 제시한 목표재고를 3등분하는 방법과 조금 다르다. 각 버퍼구역의 크기는 공급리드타임과 발주주기의 상대적 크기에 따라 달리 정할 수 있다.

이런 방식으로 두 가지의 서로 다른 버퍼구역이 정해지면 이 버퍼색상에 따라 다음과 같은 요령으로 발주와 독촉을 판단할 수 있다.

(표 5.5) 창고재고와 가용재고의 버퍼색상 활용 방안(예)

| 창고재고<br>가용재고 | 적색 | 황색 | 녹색 |
|---|---|---|---|
| 적색 | 새 주문을 내고 긴급 입고를 요청한다 | 새 주문을 낸다 | 새 주문을 검토한다 |
| 황색 | 새 주문을 내고, 미입고된 주문을 독촉한다 | 새 주문을 낸다 | 입고를 기다린다 |
| 녹색 | 미입고된 주문을 독촉한다 | 새 주문을 내거나 혹은 입고를 기다린다 | 입고를 기다리거나 혹은 지연시킨다 |

이렇게 창고재고와 가용재고에 대해 버퍼구역을 따로 설정하여 사용하

는 것은 특히 공급리드타임이 발주주기에 비해 상당히 긴 경우에 유용하다. 5.7절의 (표5.4)를 다시 보자. 여기서 설정된 버퍼구역은 다음 그림과 같다.

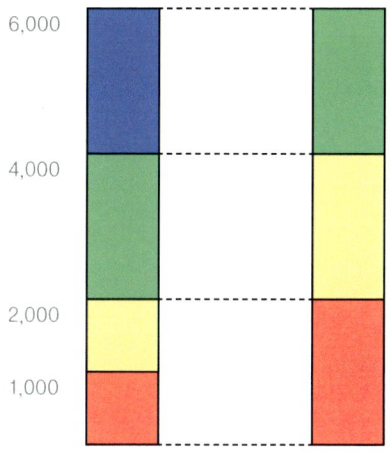

(그림 5.10) (표 5.4)의 버퍼구역

이 예제에서 제8주의 창고재고와 가용재고의 버퍼색상은 모두 녹색이었다. 그러므로 이 때는 미입고 주문량의 입고를 기다리고 있으면 그만이다. 제9주에는 창고재고의 버퍼색상이 황색으로 바뀌어 새 주문이 나갔다.

(표 5.5)와 같이 버퍼관리 운영 규칙을 정해두면, 매주 자동 발주될 수도 있다. 이런 규칙은 상황에 맞추어 유연하게 정해둘 수 있는데, 예를 들어 어떤 경우에는 발주시기를 가용재고 버퍼색상이 황색일 때로 제한할 수도 있다.

## 5.9
## 주문점시스템의 버퍼관리

지금까지 우리는 목표재고시스템의 버퍼관리를 설명하였다. 그렇다면 주문점시스템의 버퍼관리가 어떻게 달라지는가? 주문점시스템의 특성이 버퍼관리 방식을 어떻게 변화시키는지 알아보자.

이미 설명했듯이 주문점시스템은 주문점과 발주량으로 운영된다. 주문점은 공급리드타임동안의 평균수요량과 안전재고의 합으로 정해지며, 발주량 정하는 방법은 여러가지로 다양하다.(4.8절 참조)

다음 (표 5.6)은 주문점시스템에서 창고재고와 가용재고의 변동을 보여주는 예제이다. 이 예제는 (표 5.2)에서 사용하였던 목표재고시스템의 예제와 거의 같으나, 설명의 편의를 위해 공급리드타임을 3주로 바꾼 것이다. 그리고 주문점을 1,600, 발주량을 1,400으로 정하여 운영하고 있다.

〈표 5.6〉 주문점시스템을 적용하는 버퍼관리 예제

(공급리드타임 3주, 주문점 1,600, 발주량 1,400)

| 주 | 창고재고 (주초) | 수요량 | 미입고 주문량 | | | 입고 | | 창고재고 (주말) | 가용재고 (주말) | 발주 | |
|---|---|---|---|---|---|---|---|---|---|---|---|
| | | | PO1 | PO2 | PO3 | 주문번호 | 입고량 | | | 발주번호 | 발주량 |
| 1 | 3,000 | 500 | | | | | | 2,500 | 2,500 | | 0 |
| 2 | 2,500 | 400 | | | | | | 2,100 | 2,100 | | 0 |
| 3 | 2,100 | 500 | | | | | | 1,600 | 1,600 | PO1 | 1,400 |
| 4 | 1,600 | 700 | 1,400 | | | | | 900 | 2,300 | PO2 | 1,400 |
| 5 | 900 | 300 | 1,400 | 1,400 | | | | 600 | 3,400 | PO3 | 1,400 |
| 6 | 600 | 600 | | 1,400 | 1,400 | PO1 | 1,400 | 1,400 | 4,200 | | 0 |

제1주에 수요가 500개 발생하여 주말의 창고재고(주말)가 2,500이 되었다. 아직 주문점 1,600보다 많으므로 발주하지 않는다.

제2주에는 수요가 400이 발생되었으며 창고재고는 2,100으로 줄었지만 아직도 주문점 이하로 떨어지지 않았으므로 발주하지 않는다.

제3주에 500개의 수요가 발생하고 창고재고가 1,600개로 줄어서 PO1이 발행되었다. 발주량은 1,400개이며 제6주에 입고될 예정이다.

제4주에 700개의 수요가 발생하고 주말재고가 900개로 줄고 PO2가 1,400개 발행된다. 또 제5주에는 창고재고가 600이 되어 PO3의 1,400개가 발주된다.

제6주가 되어 PO1의 1,400개가 입고되고 창고재고는 1,400개로 증가한다.

이 표에서 우리는 주말의 창고재고 수준을 보고 색상을 할당했는데, 만약 주문점보다 크면 녹색을, 주문점 이하이면 적색을 칠하였다. 또 미입고된 PO1, PO2, PO3에 대해서도 주말의 가용재고가 주문점보다 크면 녹색을, 주문점 이하이면 적색을 칠한다.

이 과정을 아래 (그림 5.11)의 버퍼관리용 그래프로 나타내었다. 이 그림에서 검정 실선 그래프는 주말의 창고재고를 나타낸다. 또 PO1~PO4의 버퍼색상은 이 그림에 적혀있는 위치의 색상과 같다.

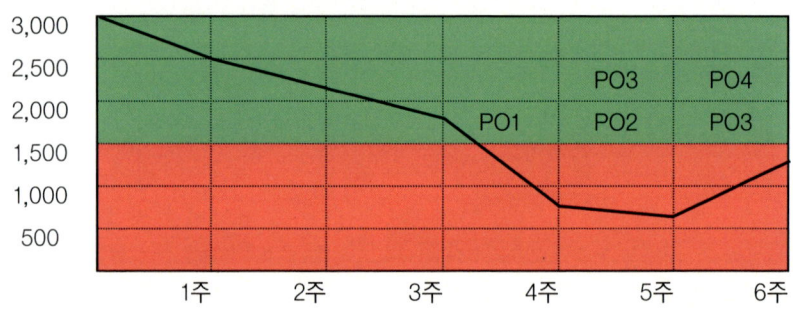

(실선은 창고재고수준의 변화를 나타냄)

(그림 5.11) 창고재고수준과 주문별 버퍼색상

이처럼 (표 56)과 (그림 58)은 주문점시스템의 버퍼관리 모습을 보여주며, 목표재고시스템과 차이도 설명해준다. 즉, 주문점시스템의 버퍼관리를 목표재고시스템의 버퍼관리와 비교할 때, 버퍼구역이 다음 (그림 5.12)와 같이 녹색구역과 적색구역의 두 개로 단순화된다.

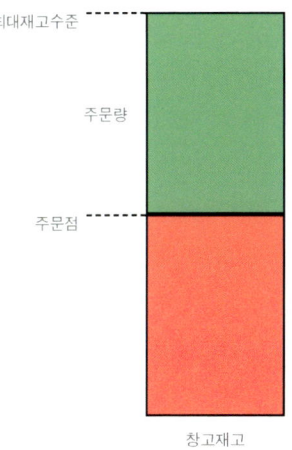

(그림 5.12) 주문점시스템의 버퍼구역 설정

버퍼색상이 적색일 때 미리 정해둔 수량만큼 발주하면 그만이다. 그리고 발주량의 크기가 곧 녹색구역의 크기가 된다.

이런 연유로 주문점시스템은 굳이 정교하게 관리하지 않아도 좋은 품목들을 대상으로에 사용되는 것이 좋다. 특히 주문점이 낮고 발주량이 큰 경우, 또는 공급리드타임이 짧은 경우에 적합하다. 공용성이 큰 부품이나 소모성 원자재/부자재들이 여기에 해당한다.

# 5.10
## 보충시스템의 성과지표

보충시스템은 결품과 과잉재고를 줄이기 위한 노력이다. 보충시스템이 결품과 과잉재고에 있어서 성과를 보이려면 성과지표가 이를 뒷받침할 수 있게 설정되어야 한다. 그러면 보충시스템을 운영할 때, 결품과 과잉재고에 대한 성과지표는 무엇으로 정하는 것이 좋은가?

결품과 과잉재고는 보통 수량이나 금액으로 표현된다. 다음 (표 5.7)을 보자.

(표5.7) 결품과 과잉재고 수량의 측정

| 품목 | 수량 | 1일 | 2일 | 3일 | 4일 | … | 합계 |
|---|---|---|---|---|---|---|---|
| A | 요구량 | 30 | 30 | 30 | 30 |  | 120 |
|  | 보유량 | 25 | 18 | 35 | 27 |  |  |
|  | 결품량 | 5 | 12 | - | 3 |  | 20 |
|  | 과잉재고 | - | - | 5 | - |  | 5 |

| | | | | | | |
|---|---|---|---|---|---|---|
| B | 요구량 | 50 | 50 | 60 | 70 | 230 |
| | 보유량 | 33 | 42 | 55 | 80 | |
| | 결품량 | 17 | 8 | 5 | - | 30 |
| | 과잉재고 | - | - | - | 10 | 10 |
| C | 요구량 | 60 | 50 | 40 | 30 | 180 |
| | 보유량 | 72 | 58 | 33 | 29 | |
| | 결품량 | - | - | 7 | 1 | 8 |
| | 과잉재고 | 12 | 8 | - | - | 20 |

위 표에서 품목 A는 매일 30개(4일동안 120개)가 필요했는데, 어느 날에는 결품이 발생하고(1일, 2일, 4일) 또 어느 날(3일)에는 과잉재고가 발생했다. 그래서 결품량의 합계는 전부 20개이며, 과잉재고는 5개이다. 3일에 발생한 5개의 과잉재고는 4일에 사용되었으며, 그렇더라도 4일에 3개의 결품이 발생하였다. 그러므로 여기서는 결품량과 과잉재고를 서로 상쇄하지 않는다.

품목 B의 결품량은 30, 과잉재고는 10이며 품목 C의 결품량은 3, 과잉재고는 20이다.

우리는 여기서 결품량과 과잉재고의 성과지표를 여러가지 수식으로 고안할 수 있다. 예를 들어, '결품율'을 (결품량) / (요구량)으로 계산해서 사용하는 것도 그 중 하나인데, 이것도 수량만 관리하는 것은 마찬가지이다. 품목 A의 결품율은 20/12= 0.17이고, 품목 B와 품목 C는 각각 30/230 = 0.13, 8/18=0.04이다.

그렇지만 성과지표의 설정에는 주의가 필요하다. 미처 의도하지 않았던 역효과까지도 미리 생각해야 하기 때문이다.

우리가 위의 '결품율'을 결품에 대한 성과지표로 사용한다면, 어느 날이 품목에 결품이 발생했을 때, 이 결품 상태를 해소하려는 노력이 게을러질 수 있다. '결품율'은 이미 나빠졌으므로 굳이 서둘러 결품을 해소할 필요가 없다. 서둘러도 당일의 이 지표는 좋아지지 않기 때문이다. 이 '결품율' 지표는 결품을 신속히 해결하건 느긋하게 해결하건 차이가 나지 않으므로 이 지표는 신속한 결품해소를 촉구하지 못한다.

이런 폐단을 막으려면 결품 수량뿐만 아니라 결품의 지속기간이나 결품에 의한 손실 금액을 성과지표에 포함시키는 것이 필요하다. 다음 〈표5.8〉은 품목 A의 결품과 과잉재고의 지속기간을 측정한 것이다.

〈표5.8〉 결품/과잉재고에 대한 수량과 기간의 측정

| 품목 | 수량 | 1일 | 2일 | 3일 | 4일 | … | 합계 |
|---|---|---|---|---|---|---|---|
| A | 요구량(개) | 30 | 30 | 30 | 30 | | 120 |
| | 보유량(개) | 25 | 18 | 35 | 27 | | |
| | 결품량(개) | 5 | 12 | - | 3 | | 20 |
| | 과잉재고(개) | - | - | 5 | - | | 5 |
| | 지속기간 | 2일 | 1일 | 1일 | 3일 | | |
| | 결품량 x 지속기간(개.일) | 10 | 12 | - | 9 | | 31 |
| | 과잉재고 x 지속기간(개.일) | - | - | 5 | - | | 5 |

1일 발생한 결품 5개와 2일 발생한 12개가 3일에야 해소되었다고 하자. 그러면 결품지속기간은 각각 2일과 1일이다. 여기서 결품수량과 결품지속기간을 곱해보자. 그것이 〈표 5.8〉에 나와 있으며, 합계는 31(개.일)이다.

과잉재고의 경우에도 마찬가지로 계산하며 〈표 5.8〉에 5로 표시되어 있다.

그러면 결품율과 결품량 x 지속기간(개.일)의 차이는 무엇인가? 전자는 단순히 수량만 관리하는 지표이고, 후자는 수량과 기간을 함께 관리하는 지표이다. 앞서 설명했던 것처럼, 단순히 수량만 관리하는 지표는 개선을 위한 지속적인 노력을 게을리하게 만든다.

수량과 기간을 함께 관리한다면 이런 폐단을 보완할 수 있다. 지속기간을 단축시키는 것이 이 지표를 좋게 만들기 때문에, 이미 결품이 발생했더라도 단기간에 결품을 해소하려는 노력이 이어질 것이다.

이처럼 결품에 대한 성과지표에는 단순한 결품 수량뿐만 아니라 결품상태가 지속되는 기간까지도 포함시켜야 한다. 한걸음 더 나아가 결품의 금전적 손실도 포함시켜야 한다. TOC에서는 이러한 측정치를 TDD(throughput-dollar-days)라 말한다. 어떤 품목의 가치(throughput dollar)에 입고지연된 일수(days)를 곱한 값을 의미한다.

'품목의 가치'는 유통재고, 완제품재고, 자재재고에 따라 측정하는 방법이 다를 수 있다. 만약 유통재고나 공장의 완제품재고에 결품이 발생한다면, 이것은 판매기회를 놓친 손실이 발생한 것으로 간주되고, 이 손실은 품목의 판매이익(우리는 이것을 TOC용어로 쓰루풋(Throughput)이라 말한다)을 놓친 값과 같다.

자재 결품에서 발생하는 금전적 손실은 측정하기가 더 어렵다. 부품을 사용하는 공급사슬의 최종 판매제품이 매우 다양하기 때문이다. 그러므로 각 부품마다 공급자가 책임지는 대표적인 최종제품의 판매이익(Throughput)을 정해두어야 한다.

과잉재고의 성과지표도 기다림의 수치를 포함하여 측정해 두어야 한다. 이 수치는 과잉재고 품목의 가치(inventory dollar)에 그 품목이 시스템에 체류하는 일수(days)를 곱한 값으로 정하고, TOC에서는 이를 IDD(inventory-dollar-days)라 말한다. 과잉재고 금액이 늘어나거나 또는 체류일수가 늘어날수록 이 값은 커진다. 우리의 목표는 이 값이 더 늘어나지 않거나 또는 줄어들도록 관리하는 것이다.

보충시스템의 성과지표는 이 시스템을 운영하는 모든 구성원들이 시스템을 지속적인 성과를 내도록 운영하는 데 효과가 있어야 한다. 이러한 동기부여를 위해서는 결품이나 과잉재고를 모두 시간과 돈으로 측정해야 한다. TDD는 결품의 금전적 가치와 지연된 기간을 측정하며, 시장요구를 충족시키지 못함으로써 입는 손실을 측정한다. IDD는 시스템의 흐름을 막는 과잉재고의 금액으로 측정한다. IDD는 각 재고 품목이 얼마나 빨리 흐르고 있는지를 확인하는 데 사용된다(Schragenheim, 2002).

## 이해 돕기 문제

5-1 다음 표를 완성하시오.

| 품목 | 목표재고 | 창고재고 | 버퍼상태(%) | 적색구역 침투량 | 버퍼색상 |
|---|---|---|---|---|---|
| A | 1500 | 600 | | | |
| B | 200 | 120 | | | |
| C | 3000 | 900 | | | |

5-2 목표재고를 24로 설정하여 운영하고 있다. 그런데 수요 변동에 대응하여 목표재고를 한번 상향 조정하였다. 그 후에 다시 한번 하향 조정하였다. 그러면 현재의 목표재고는 얼마인가?

5-3 동적버퍼관리에서 냉각기간(cooling period)이 필요한 이유를 설명하시오.

5-4 목표재고가 3,600인 경우, 가용재고 기준의 버퍼구역을 설정해 보시오. 또 창고재고 기준의 버퍼구역을 정해 보시오. 만약 창고재고가 500이라면 어떤 조치를 취하겠는가?

5-5 다음 표를 완성하시오.

| 품목 | 수량 | 1일 | 2일 | 3일 | 4일 | … | 합계 |
|---|---|---|---|---|---|---|---|
| B | 요구량(개) | 40 | 40 | 40 | 40 | | 160 |
| B | 보유량(개) | 40 | 28 | 44 | 35 | | 147 |
| | 결품량(개) | | | | | | |
| | 과잉재고(개) | | | | | | |
| | 지속기간 | | | | | | |
| | 결품량 x 지속기간 (개.일) | | | | | | |
| | 과잉재고 x 지속기간 (개.일) | | | | | | |

**제6장**

# 보충시스템의 활용

> 부정확한 장기예측에 대한 의존도를 줄이고 재고보충기간을 절반으로 줄이는 방법을 찾았어요. 하지만 중앙물류창고 재고를 대폭 줄일 때만 변화의 효과를 톡톡히 볼 수 있죠.
>
> - 폴은 어떻게 재고관리 해결사가 되었을까?(Isn't It Obvious?), p.284

6.1 공급사슬경영(SCM)에서 목표재고시스템의 역할

6.2 유통업의 목표재고시스템 활용

6.3 유통업의 목표재고시스템 적용 효과

6.4 제조업에서 목표재고시스템의 역할

6.5 MRP와 목표재고시스템의 결합

6.6 주문생산에서 보충시스템의 활용

6.7 비축생산의 딜레마

6.8 비축생산에서 가용생산으로

6.9 가용생산의 구현

# 6.1
# 공급사슬경영(SCM)에서 목표재고시스템의 역할

공급사슬(Supply Chain)은 유통부문과 생산부문으로 구성되며, 공급사슬경영(Supply Chain Management)은 이 두 부문을 효과적으로 연동시킴으로써, 팔림세에 맞추어 생산하고 과잉재고 없이 판매하려는 것이다. 판매량과 판매시기를 고려하여 유통부문의 재고계획과 생산부문의 생산계획을 통합적으로 수립하는 것이 SCM의 골자이다(2.7절 참조).

이미 언급하였듯이, SCM의 고민거리는 결품과 과잉재고의 발생이 줄지 않는다는 데에 있다. 유통시스템은 나름대로 판매에 대비하여 재고를 확보해 두고, 생산시스템은 나름대로 판매계획을 반영하여 생산계획을 수립하지만, 판매-유통-생산-구매의 과정에서 결품과 과잉재고의 악순환은 사라지지 않는다.

우리는 이런 악순환의 고리를 끊을 수 있는 도구로써 목표재고시스템의 적용을 권유하였다. 그리고 3.4절에서 목표재고시스템이 '비동조 끌어당기기 시스템(Decoupled Pull System)'임을 확인하였다. 이 시스템은 판매-유통-

생산-구매 계획의 업무들을 서로 독립적으로 수행시키며, 또 동시에 이들을 업무적으로 연결시켜 상호 협력을 증진시키고 있다.

즉, 영업부문에서 판매가 발생하면 유통창고는 이 판매량만큼 공장(또는 공급자)에 주문하여 재고를 보충한다. 공장(또는 공급자)은 유통창고에서 요청한 수량을 자신이 보유하고 있는 완제품 재고에서 출하시키고, 이 출하량을 생산계획에 추가한다. 그리고 공장은 실제 생산에 소비된 수량만큼 자재를 구매 발주한다.

그러므로 목표재고를 설정하고 실제 판매량에 맞추어 유통/생산시키는 것이 SCM솔루션의 개발에 유익한 방법이다. 이제 이 목표재고시스템을 활용하는 SCM 솔루션의 개발을 구체적으로 설명할 차례가 되었다. 이 솔루션은 생산부문 솔루션과 유통부문 솔루션을 별도로 구성하여 서로 연결시킨다. 여기서 다시 강조해 둘 것은 이들을 구축하고 연결시키는 핵심에 목표재고시스템이 자리잡고 있다는 점이다.

목표재고시스템을 활용하면 공급사슬이 부분최적화를 벗어날 수 있는 길이 열린다. 이 부분최적화의 근본원인은 비용절감이라는 명목으로 주문량 또는 뱃치크기를 너무 크게 정하기 때문인데, 이것은 오히려 재고를 늘리고 수요 대응을 늦어지게 만든다.

예를 들어, 소매상점은 가격 할인 혜택이나 운송비 절감 등을 내세워 대량으로 주문하는 경향이 있다. 소매상점은 당장 할인금액과 운송비를 무시할 수 없기 때문이다.

공장은 큰 물량이 확보될 때까지 주문을 모아서 한꺼번에 작업한다. 공장이 한 소매상점 요청마다 모두 즉시 생산한다면, 작업 준비하느라 작업시간을 다 잡아 먹을 것이기 때문이다. 그러므로 공장은 결품된 품목을 즉시 공급해주지 못한다.

수송과정에서도 비용 절감을 위해 여러 개의 주문을 한 트럭에 싣는다. 이 때문에 소매상점이 주문한 량을 보충받기까지 시간이 길어진다. 이 보충기간이 길어지면 유통망에서 유통중인 재고가 많아질 수 밖에 없고 수요 대응은 그만큼 더 늦어진다.

목표재고시스템을 사용하면 이런 폐단들을 방지할 수 있다. 목표재고시스템의 실제소비량 발주 방식은 이와 같은 대량 뱃치 작업 방식들을 변화시키고, 공급사슬의 전체최적화를 촉진시킨다.

이 6장에서는 유통업과 제조업에서 목표재고시스템의 활용 방법을 각각 구체적으로 설명한다. 유통업에서 중요한 과제는 창고의 위치 설계와 이것을 운영하는 방법이다. 그리고 제조업의 중요한 과제는 생산계획의 수립과 자재관리이다. 이러한 과제들을 해결하기 위해 목표재고시스템을 어떻게 활용할 것인지 그 방법들을 제시한다. 특히 생산의 형태, 즉 주문생산(Make to Order) 혹은 비축생산(Make to Stock)에 맞추어 그 활용 방법들을 설명할 것이다.

## 6.2
## 유통업의 목표재고시스템 활용

　유통업체의 이익은 재고회전율이 높을수록 증가한다. 재고회전율을 높이려면 적은 재고를 유지해야 한다. 그렇지만 충분한 재고를 갖고 있지 않으면 고객을 놓쳐 매출이 줄어든다. 매출감소를 각오하고 재고를 줄일 것인가, 아니면 재고증가를 각오하고 고객을 잡을 것인가? 유통업체에 있어서 이런 '재고의 딜레마' 해소는 경영의 본질에 해당한다.

　유통업에서는 소비자에 가까울수록, 즉 도매상보다 소매상일수록 재고에 대한 부담이 더 크다. 그 이유는 밀어내기 방식의 출하, 대량 주문에 대한 혜택 제시 등의 방법을 동원해서 소매상에게 재고를 전가시키기 때문이다.

　규모가 큰 제조업체는 제품을 생산 즉시 유통망으로 밀어낸다. 재고를 이동시키는 것은 곧 매출과 이익으로 잡히기 때문이다.

　또 소매상점은 필요한 것보다 더 많은 양을 주문하게 되는데, 소량으로 주문하면 운송비가 늘어나고 이 증가된 비용을 고스란히 떠안기 때문이다. 그래서 소매상점은 팔리지 않고 자리만 차지하는 잉여재고를 많이 보유하게 된다. 다음 (그림6.1)은 이런 상황을 개념적으로 묘사한다.

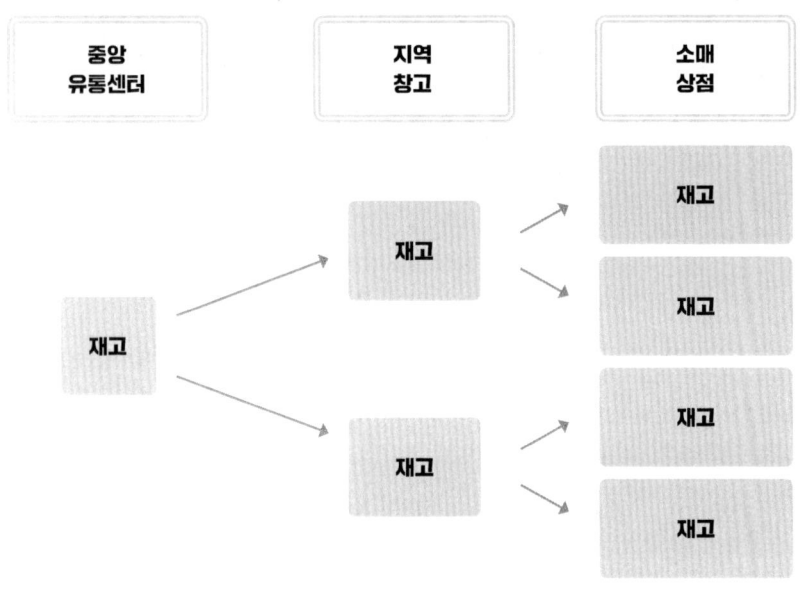

(그림 6.1) 유통망에서 재고 분포의 일반적 형태

소매상점들이 보유하는 총 재고는 지역창고에서 보유하는 재고의 합보다 더 많고, 또 중앙유통센터의 재고보다 더 많다. 소매상점에서는 공간만 차지하는 잉여재고가 많을수록 고객이 원하는 품목을 다양하게 보유하지 못한다. 어느 품목은 너무 많아서 탈이고, 어느 품목은 아예 없어서 판매하지 못한다.

또 많은 잉여재고는 신제품이 출시되더라도 그 기회를 제대로 살리지 못하게 만든다. 묶여있는 자금 때문에 소매상점은 신제품을 주문할 수 없고, 결국 신제품을 찾는 고객의 발길은 다른 상점으로 향한다. 또 잉여재고를 처분하기 위해 염가로 판매해야 하는 경우도 생긴다. 이것은 기존제품 시장뿐 아니라 신제품 시장까지 갉아먹는 결과를 초래한다.

유통업체들이 안고 있는 이런 문제들을 해결하는 솔루션은 무엇인가? 그것은 다음의 4단계 순서를 따르는 것인데, 대부분의 내용들이 앞에서 설명한 목표재고시스템의 운영에 해당한다.

1. [중앙유통센터 설치] 공급자(제조업체 혹은 유통업체)가 중앙유통센터를 마련하고 각 품목마다 목표재고를 정하여 여기서 대부분의 재고를 유지한다.
2. [지역창고의 실제 출하량 주문] 각 지역의 지역창고는 각 품목마다 목표재고를 정하고 매일(또는 매주) 출하한 양을 중앙유통센터에 주문한다.
3. [소매상점의 실제 판매량 주문] 각 소매상점은 각 품목마다 목표재고를 정하고 매일(또는 매주) 판매한 양을 지역창고에 주문한다.
4. [버퍼관리] 중앙유통센터, 지역창고, 소매상점은 수요 변동을 관찰하며 목표재고를 조정한다.

중앙유통센터를 운영하는 것은 수요예측의 오차를 줄이기 위함이다. 앞의 4.6절에서 설명했듯이 예측 대상의 범위가 넓어질수록 예측의 정확도는 높아진다. 반대로 예측 대상의 범위가 전국에서 지역으로, 지역에서 소매상점으로 좁아질수록 예측의 정확도는 낮아진다(이 부분에 이해가 부족한 독자는 4.6절을 참조하여 중심극한정리와 목표재고의 계산법을 이해해 두기 바란다).

이런 특성을 감안한다면, 소매상으로 내려갈수록 목표재고가 점점 적어진다. 중앙유통센터가 대부분의 재고를 유지하고, 각 지역창고는 이보다 더 적게, 그리고 각 소매상점은 훨씬 더 적게 유지하는 것이 안전하다. 이렇게 하더라도 소매상점은 결품을 줄이며 재고도 줄일 수 있다. 다음 (그림6.2)는 이런 결과를 개념적으로 표현한 것이다.

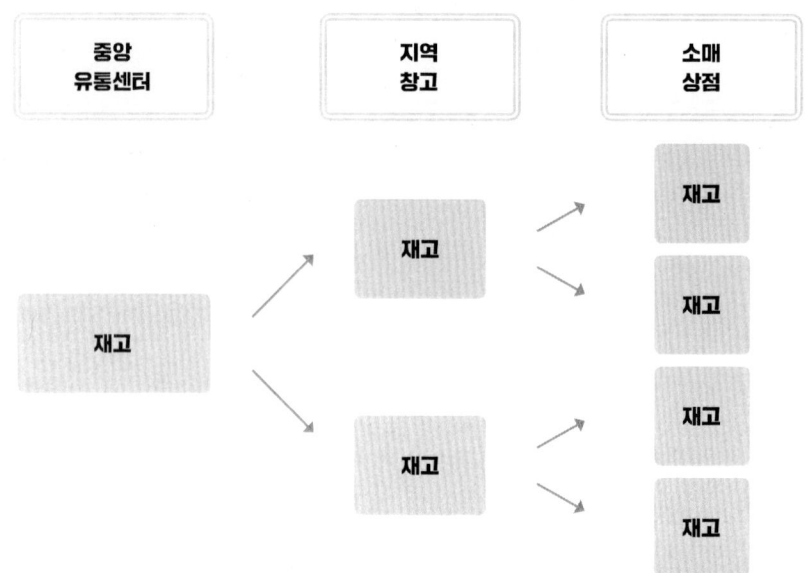

〈그림 6.2〉 목표재고시스템을 적용한 유통망의 재고 분포 형태

　〈그림6.2〉는 유통망에서 재고의 분포 상황을 〈그림 6.1〉과 비교하여 보여주며, 유통망에 있는 재고들이 중앙유통센터에 몰려있고 소매상점에는 줄어든 모습이다.
　이와 같은 유통망에서는 중앙유통센터가 모든 품목을 충분한 수량 보유하고 있으므로, 중앙유통센터로 주문한 품목과 수량이 거의 곧바로 공급된다. 지역창고나 소매상점에서 굳이 많은 품목과 수량을 보유할 필요가 없다. 단지 어제 혹은 지난 주에 판매된 수량만큼만 중앙유통센터로 주문하면 그만이다. 이것은 생산리드타임을 0으로 만들고 주문주기를 획기적으로 단축시킨다.
　그러므로 소매상점은 적은 재고를 보유하더라도 결품없이 판매할 수 있고, 수요가 돌발적으로 변동하더라도 (짧아진) 보충기간 후에는 결품을 없앨 수 있다.

그렇다면, 유통망 전체의 재고도 줄어들 것인가? 그렇다. 중앙유통센터의 재고는 늘어나겠지만, 각 소매상점과 지역창고에서 줄어든 량보다는 더 적다. 그 이유는 수요를 통합적으로 관리함으로써 변동성을 줄였기 때문이다. 경험적으로 보면 기존보다 2/3 수준으로 줄어든다.

소매상점에서 줄어든 재고는 매장에 공간 여유를 가져다 주는데, 이 공간을 효율적으로 사용하여 판매를 증진시킬 수 있다. 더 다양한 제품을 전시할 수 있고 보유할 수 있기 때문이다.

소량으로 더 자주 주문하면 운송비가 늘어날 우려가 있지만, 이것은 운송방식을 바꾸어 해결할 수 있다. 예를 들어, 보충기간이 3개월이었을 때는 한 트럭에 10개 품목을 50개씩 수송했다고 하자. 이제 보충기간이 단축되어 3주가 되었다면, 50개 품목을 10개씩 수송하는 것으로 바꾸는 것이다. 품목 구성과 주문주기가 바뀌더라도 운송비는 더 늘지 않는다.

유통망에서 재고와 결품을 동시에 줄일 수 있는 요인은 중앙유통센터가 대부분의 재고를 보유하고 소매상점이 매일 판매된 량을 보충하는 데 있다. 이것을 가능하게 만드는 것은 바로 목표재고시스템이다.

## 6.3
## 유통업의 목표재고시스템 적용 효과

　유통업 경영개선의 핵심은 신속한 재고보충에 있으며, 목표재고시스템이 성공적으로 적용되면 현재보다 2/3 수준의 적은 상품 재고를 가지고도 고객수요에 더 훌륭하게 대응할 수 있다.
　앞서 말했듯이, 그 출발점은 대부분의 재고를 공급자(혹은 유통망)의 중앙유통센터에 유지시키고, 소매상점에서 매일 판매된 양을 중앙유통센터(또는 지역창고)로 주문하는 데 있다.
　(그림 6.3)은 이런 적용의 효과를 인과관계 다이어그램으로 정리해 둔 것이다. 이제 이 다이어그램을 따라가면서 유통업에서 목표재고시스템의 적용 효과를 알아보자.

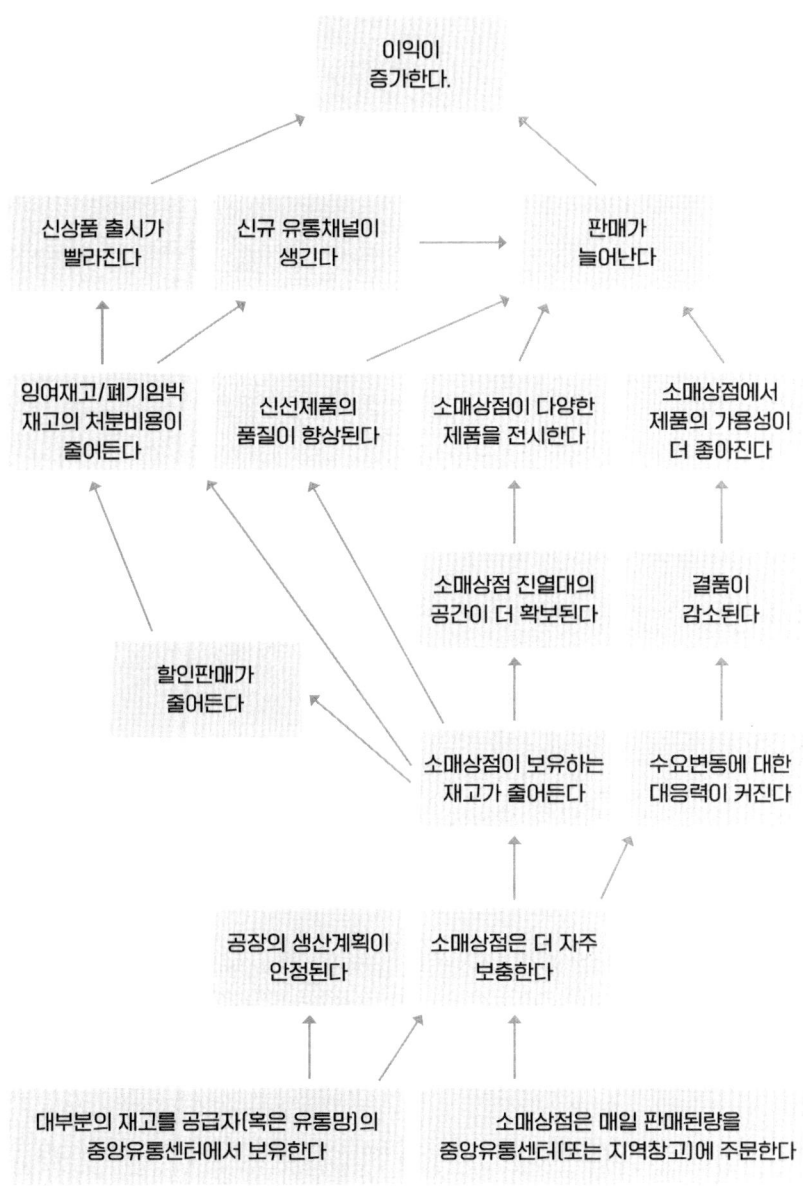

(그림 6.3) 유통업에서 목표재고시스템의 적용 효과

- **재고를 공용 상태로 보유한다.**

대부분의 재고를 중앙유통센터가 보유하면, 회사는 재고를 여러 곳에서 함께 사용할 수 있는 공용 상태로 보유할 수 있고 최종 SKU상태로 보관하지 않아도 된다. 이것은 총 보유재고를 줄이는 효과가 있다. 왜냐하면 공용 상태에서 수요의 신뢰도가 더 크기 때문이다. 예를 들자면, 아스피린이 한 달에 1,000만개 팔릴 거라는 사실은 알 수 있지만, 지역별(서울, 부산, 대구, 광주)로 각 용기의 크기별(25, 50, 100 혹은 500)로 팔릴 수량은 알 수 없다.

- **공장의 생산계획이 안정된다.**

긴급생산 주문은 최적의 생산 스케줄을 흔들어 버리고, 잔업과 긴급수송이 비용을 증가시키는 경우가 흔하다. 그렇지만 여기서는 공장의 생산계획이 중앙유통센터의 재고를 보충하려는 것이므로 긴급주문이 사라진다. 긴급주문은 중앙유통센터에서 공급한다.

- **소매상점이 보유하는 재고가 줄어든다.**

상점에서 더 자주 주문할수록, 그 상점의 재고는 줄어든다. 만약 매월 1회 주문한다면 최소 한달 분의 재고를 보유해야 하지만, 매일 1회 주문한다면 최소 하루 분의 재고만 보유해도 충분하다. 더 자주 주문할수록 재고유지비용은 줄어들고, 오래되어 못쓰거나 가격할인으로 발생하는 수입감소도 줄어든다. 더 자주 보충하더라도 여러 제품을 혼합하여 트럭이나 배로 수송하면 수송비는 증가하지 않는다.

- **소매상점에서 진열대의 공간을 더 확보할 수 있다.**

소매상점은 진열대 공간을 넓히고 다양한 품목을 보유할 수 있는데, 이것은 상점의 잉여재고가 줄어든 효과이다. 잉여재고가 줄어드는 것은 신속한 보충이 적은 재고로도 결품을 없애주기 때문이다.

- **소매상점의 판매가 늘어난다.**

제품의 가용성이 더 좋아지면 판매가 증가되는데, 고객은 자기가 찾는 품목이 결품이면 다른 곳으로 가거나 구매를 미루기 때문이다. 회사에서는 결품율이 비교적 적다고 추정하는데 (2~4%), 실상은 이보다 훨씬 크다 (20~40%). 제품이 없어서 팔리지 않은 것은 기록되지 않고 누락된 것들이 많기 때문이다(고객은 눈에 안보이는 것은 아예 요구하지도 않고, 직원은 고객이 요구하더라도 그 내용을 기록하지도 않는다).

- **신선제품의 품질이 향상된다.**

적은 재고와 신속한 보충은 진열대 제품이 훨씬 신선해지는 것을 의미한다. 특히 유통기한이 있는 신선제품(우유, 육류, 의약품 등)의 경우, 고객들은 신선하지 못한 것(유통기한이 임박한 것이나 오랫동안 진열된 것)을 구매하기 꺼려한다. 뿐만 아니라, 이런 것을 구매했다 하더라도 기분이 좋지 않은 경험이 되기 때문에 다른 고객에게 부정적인 말을 하게 되어 매출증가에 나쁜 영향을 준다.

- **신상품 출시가 빨라진다.**

낮은 재고수준으로 회사를 운영하면 신상품을 경쟁사보다 더 유리한 조건으로 출시할 수 있다. 기존 상품을 소진하는 부담이 줄고, 구형 기술 상품을 할인해서 판매/처분하는 위험이 적기 때문이다. 하이테크 제품, 자동차, 패션상품 등 변화나 신기술이 구형 제품의 수요를 감소시키는 것들이 이런 예에 속한다.

- **신규 유통채널이 생긴다.**

　신규 유통채널을 개척할 때 당면하는 장애물은 유통채널이 유지/관리하는 재고에 대한 부담이다. 회사가 매우 낮은 수준의 재고로 완전한 가용성을 제공해 줄 수 있으면, 이 장애물은 크게 줄어든다.

- **유통망의 전체 재고가 줄어든다.**

　제품 수요를 볼 때, 전체 시장 수요의 변동성은 어느 한 곳 상점/판매지역 수요의 변동성보다 더 작다. 그리고 재고는 평균수요가 아니라 최대수요를 대비하여 보유하므로 변동성이 작을수록 재고는 줄어든다. 그러므로 중앙유통센터에서 통합하여 재고를 보유할수록 재고는 더 줄어든다. 즉, 중앙유통센터의 재고는 여러 곳에 분산된 재고의 합보다 훨씬 더 적어진다.

- **수요예측에 대한 의존도가 감소한다.**

　어느 제품의 시장 수요를 특정 지역, 특정 시점에 정확히 예측할 수 있는 마법은 아직 없다. 따라서 수요예측이란 신뢰할 수 없는 것이다. 최근의 짧은 기간동안의 실제 판매량만큼 생산하는 것(소량의 재고를 보충하는 것)에 의해, 이 보충시스템은 생산량을 판매량에 맞추는 데 있어서 신뢰성을 더 높인다.

## 6.4
## 제조업에서 목표재고시스템의 역할

제조업에서는 생산활동을 위해 자재를 재고로 보유한다. 특히 비축생산(MTS)에서는 제품 재고도 보유하고 있다. 이런 과정에서 제조업은 자재의 구매/조달계획을 수립하고, 또 제품 재고의 보충을 위한 생산계획을 수립한다. 제조업이 이런 재고들을 관리하는 데 있어서 목표재고시스템은 어떤 역할을 하는가?

목표재고시스템은 끌어당기기(pull) 방식이다 (3.4절 참조). 제조업에서 제품의 생산계획 수립과 자재의 구매/조달계획 수립에 이 시스템을 사용하면 주문점시스템보다 재고감축과 결품감소에 있어서 더 큰 효과를 얻을 수 있다.

먼저, 제품 생산계획에 이 시스템을 적용하는 과정을 다시 보자. 3.4절 (그림 3.5)에서, 공장창고에서 제품 재고가 유통센터로 출하되면 이 출하량을 생산계획에 반영한다. 그리고 공장은 수립된 생산계획에 근거하여 여기에 필요한 자재를 발주한다.

이런 상황에서, 목표재고시스템을 이용한 생산계획 수립 방법도 다시 한번 2.7절에서 보였던 (표2.3)으로 확인해 본다.

여기서 생산계획 수량은 (목표재고 - 전월말재고)로 정해지는데, 이것은 목표재고 미달량에 해당한다. 또 실제 월말재고는 (목표재고 - 실제 생산량)으로 계산되어, 월말재고 수준이 목표재고를 중심으로 통제된다. 그러므로, 판매-유통-생산의 과정에서 목표재고가 각 부문의 연결고리가 되어 끌어당기기 방식의 재고관리를 실현시킨다.

이번에는 자재 발주계획에 이 시스템의 적용 방법을 알아보자. 생산계획에 대응하여 자재를 발주하는 방법인데, 이번에도 (표2.3)과 같은 형식의 (표6.1)로 간단히 해결된다.

(표 6.1) 목표재고를 활용하는 자재 구매계획 예제

|  | 12월 | 1월 | 2월 | 3월 | 4월 | 5월 |
|---|---|---|---|---|---|---|
| 생산계획 |  | 130 | 130 | 120 | 110 | 125 |
| 목표재고(자재) |  | 160 | 160 | 160 | 160 | 160 |
| 구매계획 |  | 140 | 115 | 120 | 100 | 105 |
| 실제 생산량 |  | 115 | 120 | 100 | 105 | 120 |
| 실제 월말재고 | 20 | 45 | 40 | 60 | 55 | 40 |

여기서 구매계획량은 (목표재고 - 전월말 재고)로 계산되고, 또 월말재고는 (목표재고 - 실제 생산량)으로 계산된다.

이와 같이 우리가 목표재고(품목, 수준)를 정해두면, 생산계획이나 자재의 구매량이 이 목표재고를 채우는 방식으로 정해진다. 목표재고가 완충 역할을 하므로 생산계획을 굳이 판매계획에 일치시키려고 노력하지 않아도 좋고, 또 자재 구매계획을 굳이 생산계획과 일치시키려 노력하지 않아도 좋다.

　이러한 계획의 분리는 오히려 판매-생산-구매의 업무를 튼튼하게 연결시킨다. 생산량이 판매량에 연동하여 정해지고, 자재 구매량이 생산량에 연동하여 정해지지만, 계획 세우는 일은 서로 독립적으로 진행된다. 실적은 연동이지만 계획은 일치가 아니다. 목표재고를 매개로 연결된 업무가 최소재고를 유지하면서 신속하게 수요 대응할 수 있는 능력을 만든다. 목표재고의 활용이 제조업에서 제품의 과잉재고감축과 자재의 결품감소 효과를 이끌어내는 것이다.

　주문점시스템은 목표재고시스템과 달리 밀어내기(push) 방식이다(3.6절 참조). 실제 수요에 연동하여 신속하게 주문하지 않고 재고가 미리 정해둔 주문점에 다다를 때까지 기다렸다가 주문하기 때문이다. 이 때문에 판매량, 유통재고, 제품 재고, 그리고 자재/부품 재고 사이에 업무적 연결이 느슨해지고 성과도 떨어진다.

　다시 말해서, 주문점시스템으로 제품 보충의 생산계획을 수립하면 판매실적이 직접 반영되지 않은 수량(미리 정해둔 주문량)으로 생산량이 정해지고, 또 구매/조달계획 수립에 있어서도 구매량이 생산량과 직접 관련없는 수량으로 정해진다.

　이것을 다음 (표6.2)를 통해 확인해 보자. 이 표는 앞의 (표 2.3)과 동일한 예제이며, 목표재고시스템 대신 주문점시스템을 적용한 것이다.

〈표 6.2〉 주문점 기준의 생산계획

(발주량 110, 주문점 30)

| | 12월 | 1월 | 2월 | 3월 | 4월 | 5월 |
|---|---|---|---|---|---|---|
| 판매계획 | | 100 | 110 | 100 | 100 | 120 |
| 월말재고(예상) | | 40 | 30 | 40 | 40 | 20 |
| 생산계획 | | 120 | 130 | 120 | 110 | 125 |
| 실제 판매량 | | 130 | 120 | 110 | 125 | 150 |
| 월말재고(실적) | 20 | 10 | 20 | 30 | 15 | -10 |

여기서 발주량 110은 특별한 근거 없이 정해두는 값이다. 수요를 예상할 때 그 수요를 커버할 기간이 고려되지 않는다는 말이다. 앞으로 얼마동안 버틸 물량인지 생각하지 않고 발주하는 수량이다.

그리고 매월 생산계획은 (주문량 + 주문점 - 전월말재고(실적))로 정한다. 주문 시기가 월말로 고정되지 않기 때문에 이를 월말 기준으로 맞추기 위해 (주문점 - 전월말재고(실적))의 수량만큼을 주문량에 가감하자는 것이다. 그러므로 1월의 생산계획량은 (110+30-20) = 120으로 계산된다. 〈표2.3〉의 목표재고 기준 생산계획과 비교하면 월말재고(실적)에서 차이가 있다.

## 6.5
## MRP와 목표재고시스템의 결합

제조업에서 자재를 구매하고 현장에 생산 지시하는 것은 주로 MRP계산에 근거한다. 주문생산(MTO)이건 비축생산(MTS)이건 마찬가지이다. 그런데 이 때 목표재고시스템을 활용하면 자재의 결품을 줄이고 그 가용성을 높일 수 있다.

이러한 내용을 더 상세히 설명하기 위해 먼저 MRP 방식에 의한 자재의 구매 발주 방식을 알아보자. 다음 (표 6.3)은 MRP 방식으로 자재를 발주하는 간단한 예이다. 제품을 생산하기 위해 자재A, B, C가 필요한데, 단위당 소요량은 모두 1개씩이고 리드타임(LT)은 각각 5주, 4주, 2주이다.

〈표 6.3〉 MRP 방식에 의한 자재 발주

| 주 | | 1 | 2 | 3 | 4 | 5 | 6 | 7 | 8 |
|---|---|---|---|---|---|---|---|---|---|
| 기준생산계획 (MPS) | | 0 | 1 | 2 | 3 | 4 | 5 | 3 | 6 |
| 자재 A (LT 5주) | 발주 | 5 | 3 | 6 | | | | | |
| | 입고 | 0 | 1 | 2 | 3 | 4 | 5 | 3 | 6 |
| 자재 B (LT 4주) | 발주 | 4 | 5 | 3 | | | | | |
| | 입고 | 0 | 1 | 2 | 3 | 4 | 5 | 3 | 6 |
| 자재 C (LT 2주) | 발주 | 2 | 3 | 4 | 5 | 3 | 6 | | |
| | 입고 | 0 | 1 | 2 | 3 | 4 | 5 | 3 | 6 |

각 자재의 발주시기는 기준생산계획 MPS(Master Production Schedule)에서 리드타임을 차감하여 정해지는데, 예를 들어 제6주에 생산될 제품 5개에 맞추어 자재 A 5개가 제1주에 발주된다. 이것이 리드타임 5주가 경과한 후 제6주에 입고되면 제품 5개의 생산에 사용될 것이다.

이와 같은 방식으로 자재 B와 자재 C도 발주되고 입고된다. 이런 자재들이 리드타임 후에 계획대로 입고된다면, 생산에 필요한 자재들이 적시에 적량으로 확보될 것이다. 다시 말해서, 이것은 자재의 입고량과 입고시기를 MPS의 생산량과 생산시기에 맞추는 방식이다.

그런데 만약 이 세 개의 자재 중 하나라도 입고량이 부족하거나 입고시기가 계획보다 늦어진다면 MPS생산계획 그대로 생산되지 못한다. 이런 변동성에 대비하여 대개 부품마다 안전재고를 추가하여 운영하지만, 이것이 근본적인 해결책은 되지 못한다. MRP의 기본 논리가 입고량과 입고시기를

MPS에 맞추어 발주하는 것이기 때문에 안전재고로 이런 변동성을 이겨내기는 역부족이다.

변동성은 돌발적으로 발생하는데, 이 때를 대비하여 자재를 얼마나 더 보유해야 할 것인가? 더군다나 여러 자재 중 하나라도 부족하면 생산에 차질이 생기므로 미처 사용되지 못한 다른 자재들은 재고로 창고에 머문다. 생산활동이 지속되다 보면 이런 현상들이 반복되면서, 아무리 MPS와 리드타임에 맞추어 발주하고 또 안전재고를 감안하여 발주하더라도, 결품이 발생하는 품목은 항상 나타나고 이로 인해 재고가 늘어나는 상황은 그치지 않는다.

이렇게 MPS가 계획대로 진행되기 어려운 점을 해결하려면 적정 재고를 미리 확보해 두는 방법을 생각해야 한다. 항상 재고를 보유하고 있다면 입고량과 입고시기를 MPS에 맞추어야 한다는 압박감에서 벗어나 일정 수준의 재고를 유지하는 데 집중할 수 있다. 그리고 재고의 상한선을 정해두면 재고가 지나치게 많아지는 것을 막아 재고유지의 부담도 줄일 수 있다.

다음 (표6.4)는 목표재고시스템을 적용하여 MPS에 필요한 자재를 항상 확보하는 방법을 보인다.

(표 6.4) 목표재고시스템에 의한 자재관리

| 주 | | 1 | 2 | 3 | 4 | 5 | 6 | 7 | 8 |
|---|---|---|---|---|---|---|---|---|---|
| 기준생산계획 (MPS) | | 0 | 1 | 2 | 3 | 4 | 5 | 3 | 6 |
| 자재 A (LT 5주, 목표재고 25) | 발주 | | 0 | 1 | 2 | 3 | 4 | 5 | 3 |
| | 입고 | | | | | | | 0 | 1 |
| | 기말재고 | 25 | 24 | 22 | 19 | 15 | 10 | 7 | 2 |
| 자재 B (LT 4주, 목표재고22) | 발주 | | 0 | 1 | 2 | 3 | 4 | 5 | 3 |
| | 입고 | | | | | 0 | 1 | 2 | |
| | 기말재고 | 22 | 21 | 19 | 16 | 12 | 7 | 5 | 1 |
| 자재 C (LT 2주, 목표재고17) | 발주 | | 0 | 1 | 2 | 3 | 4 | 5 | 3 |
| | 입고 | | | | 0 | 1 | 2 | 3 | 4 |
| | 기말재고 | 17 | 16 | 14 | 11 | 8 | 5 | 5 | 3 |

MPS는 위 (표6.3)에 있는 것과 동일하지만, 각 자재별로 목표재고가 설정되어 있다. 이 목표재고시스템에 의해 전 주의 생산량만큼 자재가 매주 자동으로 발주된다. 예를 들어, 자재 A의 제2주 발주량은 제1주의 MPS 수량 0과 같고, 제3주의 발주량은 제2주의 MPS수량 1과 같다. 자재의 매주 발주량을 MPS의 전주 수량에 맞추는 것이며, 자재 B와 자재 C도 마찬가지 방식이다.

생산할 때는 창고에 보관되어 있는 자재를 가져다 쓰면 그만이다. 리드타임이 경과하면 생산할 때 불출된 자재만큼 다시 보충될 것이다.

이렇게 하면, 변동성 때문에 MPS가 계획대로 실행되지 않은 일은 사라지고, 모든 자재의 입고량과 입고시기를 MPS에 맞추는 일의 압박에서 벗어날 수 있다. 그리고 재고는 목표재고에 의해 통제되므로 재고증가의 두려움도 해소될 것이다.

사실 재고를 비축해 두더라도 공용자재, 그리고 반복적으로 사용되는 자재들은 과잉재고나 재고증가의 위험이 그리 크지 않다. 재고비축의 부담이 전혀 문제가 안 되는 자재들이 생각보다 많다. 또 공급리드타임이 고객 요구 납기보다 긴 자재는 재고를 미리 확보해 두는 것이 필수적이다.

만약 여기서 목표재고시스템 대신 주문점시스템을 사용한다면 어떻게 될까? 물론 이것을 사용해도 MPS에 필요한 자재를 항상 확보할 수 있다. 그 예가 아래 (표 6.5)에 있다.

⟨표 6.5⟩ 주문점시스템에 의한 자재관리

| 주 | | 1 | 2 | 3 | 4 | 5 | 6 | 7 | 8 |
|---|---|---|---|---|---|---|---|---|---|
| 기준생산계획(MPS) | 0 | 1 | 2 | 3 | 4 | 5 | 3 | 6 | |
| 자재 A (LT 5주, 주문점 8, 주문량 10) | 발주 | | | | | | 10 | | |
| | 입고 | | | | | | | | |
| | 기말재고 | 19 | 18 | 16 | 13 | 11 | 6 | 3 | -3 |
| 자재 B (LT 4주, 주문점 17, 주문량 9) | 발주 | | | | | 9 | | 9 | |
| | 입고 | | | | | | | | 9 |
| | 기말재고 | 22 | 21 | 19 | 16 | 12 | 7 | 4 | 7 |
| 자재 C (LT 2주, 주문점 5, 주문량 7) | 발주 | | | | 7 | | 7 | | |
| | 입고 | | | | | | 7 | | 7 |
| | 기말재고 | 7 | 6 | 5 | 2 | 5 | 0 | -3 | -2 |

그렇지만 앞서 설명한 것처럼, 이것은 수요예측에 기반한 밀어내기 방식이므로 결품 방지 기능이 목표재고시스템에 비하여 만족스럽지 못하다. 시간이 지남에 따라 어느 한 품목의 결품 발생 확률이 더 높아진다는 뜻이다.

# 6.6
# 주문생산에서 보충시스템의 활용

만약 고객이 즉시 납품을 요구하지 않고 시간의 여유를 충분히 준다면 굳이 제품을 재고로 가져갈 필요는 없다. 이런 경우에는 고객의 주문을 접수한 이후에 제조하는 것이 유리한데, 다만 자재를 고객요구 리드타임 이내에 조달할 수 있도록 미리 준비해 두어야 한다. 주문생산(Make to Order) 방식은 이처럼 고객 주문 접수 후에 고객이 원하는 사양에 맞추어 생산하는 시스템이다.

자재를 미리 준비해 두는 것은 자재를 재고로 보유하는 경우가 대부분이다. 재고유지가 필요한 자재는 구매 리드타임이 고객요구 리드타임보다 더 큰 것들이다.

MTO에서는 고객요구 리드타임에 맞추어 납기를 지키는 것 뿐만 아니라 재고의 부담을 줄이는 것도 필요하다. 자재의 결품을 줄이기 위해 재고를 유지하되 과잉재고를 줄이는 방법도 강구해야 하는데, 이것은 서로 상충되는 이율배반적인 일이 된다.

보충시스템을 사용한다면, 이런 문제를 해결하는 것이 비교적 쉬운 편이다. 이를 설명하기 위해, 2.8절에서 사용하였던 (표 2.4)의 MRP 예제를 여기서 다시 사용해 보자.

이것은 1000원짜리 제품 M이 매일 2개씩 판매되며, 부품 1, 부품 2, 그리고 부품 3의 구입가격이 각각150원짜리인 간단한 예제이다.

여기서 생산리드타임은 33일이므로, 만약 고객요구 리드타임이 33일 이상이라면 부품들의 재고를 굳이 비축해 둘 필요는 없다. 그런데 만약 고객요구 리드타임이 25일이라면 우리는 부품 1의 재고를 비축해 둠으로써 25일 이내에 납품할 수 있다.

이렇듯 MTO 생산시스템은 보충시스템을 MRP에 적용함으로으로써 효과적으로 구축될 수 있다. 재고 비축이 필요한 품목들을 골라내어 미리 재고를 확보해 두면 고객요구리드타임에 맞추어 납품할 수 있다. 그리고 보충시스템을 구축하여 재고를 적정 수준으로 유지시킨다.

보충시스템은 품목의 특성에 따라 목표재고시스템 혹은 주문점시스템을 활용한다. 정교하게 관리해야할 중요한 품목들은 목표재고시스템을 사용하고, 개략적으로 관리해도 충분한 품목들은 주문점시스템을 사용한다.(4.8절 참조)

만약 고객요구 리드타임이 25일이라면 우리는 이것을 'MTO-25일'로 표기하여, 구매 리드타임이 25일보다 큰 자재에 대해 보충시스템을 적용하여 재고를 관리한다. 다시 말해서 'MTO-25일'은 수주 후 25일 이내에 고객에게 납품할 수 있는 주문생산 방식을 말하는 것이다.

위 예제에서, 우리가 'MTO-25일' 시스템을 구축할 때, 목표재고를 대략 92개라 정해 두면(계산 근거는 2.8절 참조) 이 재고의 금액은 13,800원(150원/개 × 92개)이다. 물론, 창고에서 실제 보유하는 창고재고는 이보다 적으며, 공급리드타임이 클수록 낮은 수준이 된다.

　이 재고 투자 의해 고객요구 납기 25일을 만족시킬 수 있고, 우리가 이것을 신뢰성있게 지속한다면 고객에 대한 납기만족 효과를 극대화시킬 수 있으며, 이로 얻을 수 있는 이득은 재고투자금액을 훨씬 능가할 것이다.

# 6.7
# 비축생산의 딜레마

    비축생산(Make to Stock)은 표준화된 제품들을 판매하는 기업들에게 매력적인 방식인데, 제품재고를 비축해 둠으로써 고객에게 즉시 납품할 수 있기 때문이다.

    재고 비축생산이 실제로 필요하고 더 이득이 되는 상황은 고객이 원하는 즉시 납품해야 할 상황이다. 즉, 고객요구 리드타임이 무척 짧으므로 생산리드타임이 0이 되어야 할 때이다. 이런 경우는, 비축생산이 아니면 판매를 놓치고 만다. 만약 다른 경쟁사가 신속히 대응하여 시장점유율을 높여가고 있는 상황이라면 비축생산이야말로 피할 수 없는 대안이다. 비축생산에 의해 고객에게 완벽하고 즉각적인 가용성을 제시하는 것은 고객의 매출 증가에도 이득을 안겨준다.

    그렇지만 이런 이득을 얻으려면 다음 두 가지의 전제조건이 만족되어야 한다; 1)생산된 제품은 모두 팔린다. 2)비축생산이 고객요구 대응에 유리하다. 하지만 이 조건들이 만족되지 않는 경우도 많다.

생산된 제품이 다 팔리지 않아 과잉재고가 발생하는 경우는 매우 흔하다. 일반적으로 비축생산에서는 수요를 예측하여 생산계획을 수립하는데, 실제 수요는 예측치보다 클 수도 있고 적을 수도 있으므로 과잉재고와 결품을 피하기 어렵다.

이처럼 고객의 요구에 대응하기 위해서는 비축생산이 필요하나, 재고의 부담을 줄이는 일이 항상 과제로 남아있다. 이러한 딜레마가 아래 (그림 6.4)의 다이어그램으로 표현되어 있다. 비축된 재고는 모두 팔린다. 재고가 많을수록 고객 대응이 좋다.

비축된 재고는 모두 팔린다.
재고가 많을수록 고객 대응이 좋다.

```
                    고객요구에          많은 재고를
                    신속히 대응한다.  ←  비축한다.
                         ↑
재고 투자수익율을
높인다.
                         ↓
                    재고비용을         적은 재고를
                    줄인다.         ←  비축한다.
```

비축된 재고가 팔리지 않을 수 있다.
재고의 비용이 부담스럽다.

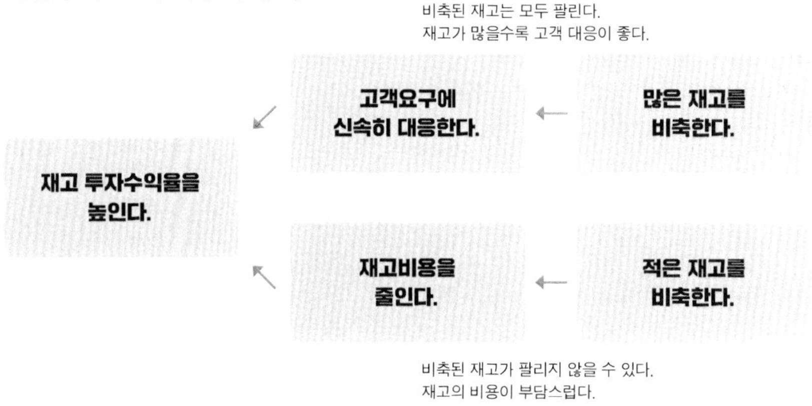

(그림6.4) 비축생산의 딜레마

(그림 6.4)의 의미는 다음과 같다:

1. 경영 성과를 키우기 위해 우리는 재고 투자수익율을 높이려 한다.
2. 재고 투자수익율을 높이려면, 고객요구에 신속히 대응해야 한다.
3. 고객 요구에 신속히 대응하려면, 우리는 많은 재고를 비축해야 한다. 비축된 재고는 모두 팔리고, 재고가 많을수록 고객대응이 좋아지기 때문이다.
4. 그런데 다른 한편으로는, 재고 투자수익율을 높이려면 재고비용을 줄여야 한다.

5. 재고비용을 줄이려면 우리는 적은 재고를 비축해야 한다. 비축된 재고가 팔리지 않을 수 있고, 또 재고의 비용이 부담스럽기 때문이다.
6. 재고를 어느 수준으로 비축해야 할지 그 적정 수준을 정하기 어렵다.

그런데 비축생산이 고객요구의 신속대응에 유리하지 않는 경우도 많다. 비축용 제품의 생산량이 많으면 고객의 긴급한 요청이 무시될 수 있는데, 특히 생산롯트가 크고 병목공정이 존재하는 경우 그런 경향이 더 크다. 이렇게 되면 수요가 급하지 않은 엉뚱한 제품을 생산하고 실제 요구가 큰 제품은 생산하지 않는 결과가 되어 고객 서비스를 떨어뜨린다. 이것은 곧 생산능력의 낭비이다.

많은 곳에서 사용되고 있는 MRP(Manufacturing Resource Planning, 제조자원계획)에서는 비축생산이 주문생산과 실제적으로 거의 동일하게 취급되고 있다. MPS에 나타나 있는 생산량은 특정 고객의 주문을 생산하는 것인지 혹은 재고판매를 위한 비축용 생산인지 이를 확실하게 구분하지 않는다. 설령 구분하더라도 그 근거는 명확하지 않다. 이런 맥락에서 비축생산에는 다음과 같은 문제점들이 항상 존재한다(Schragenheim, 2011).

- 생산 완료일 지정의 문제

    비축생산에서 생산 완료일이 어떻게 지정되어야 하는가? 만약 지정되지 않으면, 비축용 품목의 생산 완료일은 등한시된다. 특히 서로 다른 납기를 갖는 여러 고객들의 주문을 비축용 품목과 통합해서 하나의 생산계획으로 작성해 버릴 때 더욱 그러하다. 납기가 없으면 완료일이 늦어지기 마련이고 그마저 불확실해진다. 납기없는 생산계획은 우선순위에서 뒤로 밀리고 높은 우선순위를 갖는 주문용 생산계획과 갈등 상태에 빠진다. 이런 상황이 지속되어도 좋은가?

- 생산 시작일 지정의 문제

  주문생산에서는 고객주문의 접수가 생산 시작일의 근거가 된다. MRP에서는 이를 근거로 기준생산계획(MPS)을 매주 일회씩 반복적으로 계획함으로써 생산 시작일을 제공한다. 그런데 비축생산에서는 무엇이 그 역할을 해야 하는가? MPS를 작성할 때 어떤 근거에 의해 비축생산 수량과 생산 시작일을 요구할 것인가?

- 생산공정에서 우선순위의 문제

  전통적 비축생산에서는 생산 완료일을 지켜야 할 필요성이 크지 않다. 그렇기 때문에 만약 현장에 우선순위가 높은 주문이 밀려오거나 병목공정이 바빠지면 우선순위가 낮은 것은 항상 뒤로 밀리게 된다. 이러다 가는 한번 우선순위가 낮게 지정된 것은 시간이 지나도 생산이 완료되지 못한다.

비축생산은 기본적으로 수요예측에 근거하여 제품의 재고를 보유하는 방식이다. 재고가 너무 많다고 생각되면 생산을 줄이고 부족하다고 생각되면 급히 생산을 늘린다. 밀어내기식 생산이며 생산량 결정의 기준이 애매하다. 안전재고가 실제로 어느 정도 필요한지 설명할 수 없기 때문에(예측치에 근거하므로) 재고의 조정 기준은 더욱 애매해진다. 수요가 잘 맞지 않는다고 원래 예측치를 수정하거나 변경하는 것도 또 다른 문제를 야기한다. 빈번한 재예측은 불안정성을 더 키울 수 있기 때문이다[1].

---

1 이것을 데밍(Deming)은 'Tampering'이라는 말로 표현했다(Deming, 1986). 그는 통계적으로 관리되는 시스템에서, 여전히 관리한계 안에 있음에도 불구하고 평균치의 변동에 너무 민감하게 반응하면 시스템을 더욱 불안정하게 만든다고 지적하였다.

## 6.8
## 비축생산에서 가용생산으로

목표재고시스템은 비축생산(MTS) 환경에서도 그 효과를 발휘할 수 있는데, 전통적인 비축생산의 문제점들을 해결하기 위해 가용생산(Make to Availability, MTA)이라는 생산방식이 새롭게 탄생하였다. 이 MTA는 MTS환경에 목표재고시스템을 적용한 것이며, 제조업자에게 비축생산의 이로운 점들을 더욱 명확하게 구현시켜 주면서 불리한 점들은 최소로 줄여준다. 그래서 MTA는 전통적 비축생산 MTS의 약점을 보완하여 개량한 것이며 더이상 MTS를 사용할 필요가 없어진다.

우선 독자의 편의를 위하여 비축생산을 전통적 비축생산, 가용생산, 그리고 공급자관리재고(Vendor Managed Inventory, VMI) 세 가지로 구분하고 서로 비교하여 다음 (표6.6)과 같이 요약해 둔다.

⟨표6.6⟩ 비축생산 형태의 3가지

| 전통적<br>비축생산(MTS) | 1. 반복적으로 생산<br>2. 지정된 고객이 없는 상태에서 생산이 시작됨.<br>   (판매가 보장되지 않음)<br>3. 생산자 입장에서 유리한 방식으로 생산함. |
|---|---|
| 가용생산(MTA) | 1. 지정된 SKU의 연속적 가용성을 보장<br>2. 모든 고객에게 납기를 약속하여 공급함.<br>3. 접수된 고객주문(정기적 혹은 개별적)을 우선 공급.<br>4. 재고를 생산자 위치에 보관(생산자가 소유) |
| 공급자관리재고<br>(VMI) | 1. 가용생산(MTA)의 #1~#3까지 동일함<br>2. 재고를 고객 위치에 보관(공급자가 소유) |

(자료: Eli Schragenheim, Supply Chain Management at Warp Speed, CRC Press, 2009, p.94)

MTA는 MTS의 필요성을 인정하며 그 장점들을 살릴 뿐 아니라 그 단점들도 보완한다. 제품의 목표재고를 기준으로 실제 판매된 수량만큼 생산하므로 생산된 제품이 모두 판매되어야 한다는 부담을 덜어준다. 또 긴급 주문에 신속히 대응하도록 적정 수준의 목표재고(제품, 자재)를 유지한다. 그러므로 MTA는 MTS의 대안이 된다.

또 MTA는 VMI 와 유사한데, 두 가지는 모두 재고 보충시스템을 사용한다는 점에서는 차이가 없다. 다만 시스템의 운영 형식에서 차이가 나는데, VMI를 공급자가 생산자의 자재재고를 관리해주는 형식으로 본다면, MTA는 생산자가 자신의 제품재고를 스스로 관리하는 형식이 된다. 만약 VMI를 실행할 때 MTA처럼 TOC의 목표재고시스템을 사용한다면 VMI의 재고관리 성과를 더 높일 수 있다.

이제 MTA를 더 구체적으로 알아 보자. 이것은 MTS환경에서 제품재고

의 관리에 목표재고시스템을 활용하는 것이며, 구체적으로 다음과 같이 요약된다;

1. 고객 요구에 당일 출하할 수 있도록 목표재고를 정하여 제품의 재고를 유지한다.
2. 제품이 출하된 수량만큼 생산을 지시한다.
3. 생산 지시된 수량만큼 생산하여 보충한다.

MTA는 이런 공급능력을 키우기 위해, 생산납기의 지정, 생산시점의 결정, 생산공정 우선순위 등의 문제를 해결하는 방안들을 마련해 두고 있다. 또 생산리드타임을 줄이기 위해 자재의 재고도 비축해 둘 수 있다. 이것은 MTO 환경에서 자재를 비축하는 것과 동일한 내용이다.

그러므로 만약 당일출하를 위한 제품재고를 유지할 뿐 아니라, 생산리드타임 단축을 위한 자재재고도 유지한다면. 제품재고와 부품재고의 관리에 모두 목표재고시스템을 적용한다. 즉, 제품이 출하된 수량만큼 생산지시가 내려가고, 자재가 생산에 사용된 수량만큼 구매 발주된다.

MTS도 고객의 요구에 즉시 납품하기 위해(당일 출하) 제품의 재고를 유지한다. 유지할 재고의 크기를 결정하는 방법은 사용자마다 각각 다르지만, 일반적으로 주문점 방식의 보충시스템을 사용하며, 재고수준이 주문점(최소재고)보다 낮으면 최대재고 수준만큼 보충한다.

결론적으로 말한다면, MTA나 MTS 모두 재고 보충시스템을 사용하는 점은 서로 같으나, MTA는 목표재고 시스템을 사용하고 MTS는 주문점 시스템을 사용한다는 점에서 차이가 난다.

그렇지만 MTS는 수요 변동과 리드타임 변동에 대한 대책이 미흡하여 결과적으로 결품이 발생하고 서로 짝이 맞지 않아 생기는 과잉재고도 다량 발생하게 된다(6.5절 참조).

MTA는 결품과 과잉재고의 발생을 줄일 수 있는 대책을 준비해 두고 있다. MTA는 제품의 비축량을 줄이면서 고객의 요구에 신속히 대응하게 한다. 이제 우리는 전통적 MTS 대신 MTA를 활용함으로써 재고는 더 줄이고 매출은 더 늘릴 수 있다.

# 6.9
# 가용생산의 구현

가용생산은 전통적 비축생산(MTS)의 문제점들을 개선할 방안으로 구상되었고, 실제로 현장에 구현되어 적용되고 있다. MTS를 그만두고 가용생산(MTA) 방식으로 생산하려면 다음과 같은 4단계의 절차를 따른다.

### 단계 1: 비축품목마다 목표재고를 설정한다

우리의 목적은 제품의 과잉재고를 피하면서 동시에 고객의 제품 요구에 거의 즉각적으로 대응할 수 있는 능력을 확보하려는 것이다. 이 능력은 각 비축품목(Stock Keeping Unit, SKU)마다 재고의 목표수준을 정해두고 이를 유지하여 공급의 가용성을 확보함으로써 가능해진다. 목표재고는 보충기간 동안에 발생할 것으로 기대되는 최대 수요, 또는 보충기간 동안의 평균 수요와 그 수요의 변동을 감안한 안전재고의 합으로 계산된다.

이 재고는 공장창고에 보관되는데, 유통망에 공급하는 데 부족하지 않으면서도 매우 적은 양이다. 왜냐하면 이 공장창고의 보충기간은 바로 공장의 생산리드타임이며, 생산리드타임은 자재의 구매리드타임을 줄이면 단축될 수 있으므로, 보충기간이 짧아 목표재고가 그다지 크지 않기 때문이다.

또 목표재고의 조정은 수요율의 변동, 계절적 요인, 프로모션에 대응하는 방법이다. 그러므로 우리는 이 버퍼관리에 의해 수요예측의 정확도에 매달리지 않고 수요변동에 대응할 수 있다.

### 단계 2: 생산오더를 발행한다.

일단 모든 SKU마다 공장창고의 목표재고가 결정되면 이 수준이 유지되도록 생산을 계획하고 지시한다. 이것을 '생산오더'라 하며, 어느 SKU의 가용재고(제품 재고와 발행된 생산오더 수량의 합)가 목표재고 이하이면 생산오더를 발행한다. 공장창고에서 출하가 발생하여 가용재고가 목표재고 이하로 내려가면 즉시 생산오더를 발행한다. 만약 어느 SKU의 가용재고가 목표재고보다 더 많으면 그 SKU는 생산오더의 발행을 중지하고, 이미 발행된 생산오더는 동결시켜 생산을 중단시킨다.

### 단계 3: 생산오더의 우선순위를 정한다

각 생산오더의 우선순위는 공장창고의 재고상태에 따라 정해진다. 이 재고상태는 목표재고시스템의 버퍼관리 방식을 따라 세 가지 색상, 즉 적색, 황색, 녹색으로 구분된다. 이 버퍼색상은 재고 보충의 긴급성을 나타내는 재고신호등이며, 이것을 모니터하면서 각 생산오더의 우선순위를 조정할 수 있다.

우리는 각 생산오더마다 표준생산리드타임과 공정의 부하를 근거로 재고가 보충되는 시기를 추정할 수 있다(TOC는 이런 절차가 S-DBR[2]이라는 이름으로

---

[2] Simplified Drum Buffer Rope를 나타내며, 생산계획의 수립에 있어서 출하계획을 기준으로 삼는다. 이것은 전통적인 DBR이 병목자원의 스케줄을 기준으로 삼는 것에 비하여 생산시스템의 설계와 구현을 비교적 단순하게 만든다.

정리해 두고 있다). 그러므로 모든 생산오더는 재고신호등으로 우선순위를 정하고 보충될 시기(납기)를 기준으로 생산의 시작시점이 정해진다. 이런 과정은 전통적인 비축생산 MTS의 문제점들을 실질적으로 해결해준다. 즉, 생산의 우선순위를 제공하고 시작시점을 알려준다.

### 단계 4: 구매오더를 발행한다.

자재의 구매리드타임 때문에 생산리드타임이 너무 길어진다면, 그 자재를 대상으로 목표재고시스템을 운영한다. 이 자재의 목표재고를 정하고, 이 수준이 유지되도록 자재를 구매하며, 이를 위한 구매오더를 발행한다. 어느 품목의 가용재고(자재 창고재고와 발행된 구매오더 수량의 합)가 목표재고 이하로 내려갈 때마다 새로운 구매오더를 발행한다.

이렇게 구축되는 MTA시스템은 기존의 MTS시스템을 대체하는 대안이 되어 MTS가 안고 있는 대부분의 문제들을 해결한다. MTA는 목표재고와 소비량 보충에 의해 수요예측의 한계를 극복할 수 있고 버퍼관리에 의해 생산 우선순위의 혼란을 없앤다. 그리하여 공급망의 각 위치에서 결품과 과잉재고를 동시에 감소시키며, 고객이 요구하는 품목은 항상 공장창고에서 출하 가능하다는 것을 보장해 준다.

## 이해 돕기 문제

6-1 유통망의 재고관리에 목표재고시스템을 적용하면 재고의 위치에 어떤 변화가 일어나는가?. 또 유통망 전체의 보유재고에는 어떤 변화가 생기는가? 왜 그런가?

6-2 (그림 6.3)의 다이아그램을 보고 화살표를 따라가며 읽어보시오. 화살표를 따라가며 읽는 방법은 'A->B'를 '만약 A이면 B이다'와 같이 읽는다.

6-3 다음 두 개의 표가 판매-생산-구매 계획의 수립과정에서 사용되고 있다. 이 표들을 서로 연결시켜 완성하시오.

|  | 12월 | 1월 | 2월 | 3월 | 4월 | 5월 |
|---|---|---|---|---|---|---|
| 판매계획 |  | 110 | 130 | 120 | 115 | 125 |
| 목표재고(제품) |  | 160 | 160 | 160 | 160 | 160 |
| 생산계획 |  |  |  |  |  |  |
| 실제 판매량 |  | 120 | 125 | 130 | 100 | 110 |
| 실제 월말재고 | 20 |  |  |  |  |  |

|  | 12월 | 1월 | 2월 | 3월 | 4월 | 5월 |
|---|---|---|---|---|---|---|
| 생산계획 |  |  |  |  |  |  |
| 목표재고(자재) |  | 150 | 150 | 150 | 150 | 150 |
| 구매계획 |  |  |  |  |  |  |
| 실제 생산량 |  | 115 | 120 | 100 | 105 | 120 |
| 실제 월말재고 | 20 |  |  |  |  |  |

6-4 'MTO-10일'의 의미를 설명하시오. 또 'MTO-10일'의 구현 방안을 말해 보시오.

6-5 전통적 비축생산(MTS)과 가용생산(MTA)의 차이를 한 줄의 문장으로 적어 보시오. 또 공급자관리재고(VMI)와 가용생산(MTA)의 차이를 한 줄의 문장으로 적어보시오.

# 제7장
# 보충시스템 활용 사례

> 마냥 기다렸다가 경쟁자들이 턱밑까지 따라붙어야 슬슬 움직이기 시작할 거라고요. 그럼 너무 늦어요.
> - 폴은 어떻게 재고관리 해결사가 되었을까?(Isn't It Obvious?), p.295

7.1 공급사슬경영(SCM) 활용 사례

7.2 가용생산(MTA) 구축 사례

7.3 주문생산(MTO)과 가용생산(MTA) 동시적용 사례

# 7.1
# 공급사슬경영(SCM)의 활용 사례

### 적용 회사의 개요

D사는 종합식품회사로서 수산물 통조림, 냉동식품, 육가공품, 그리고 일반 가공식품 등을 생산하고 판매하고 있다. 공장이 전국적으로 8곳에 위치해 있으며, 유통을 위한 물류센터를 11곳에서 운영하고 있다. 2007년 당시 매출액이 7,000억원 규모이었다.

재고관리 대상 상품의 수는 비축품목(SKU) 468개, 품목/품목군 1,111개로 전체 1,579개에 이르렀다. 재고자산 회전율(매출원가/재고자산)이 4.3회전이며, 이는 경쟁사의 6~12회전에 비하여 낮은 편이었는데, 제품/상품의 회전율이 원재료/부재료의 회전율보다 더 낮은 상황이었다. 더구나 2002년 이후 이 회전율이 점점 낮아지고 있었으며, 매출이 증가하면서 재고도 더 증가하고 있는 추세였다.

상황을 종합적으로 판단할 때, 그 당시 D사는 재고자산의 증가로 동종업계 중 가장 낮은 재고 회전율을 보였으며, 많은 재고에도 불구하고 결품이 증가하고 폐기/반품까지 증가하는 상황이었다. 또 물류비, 결품, 폐기, 반품, 임박재고처리 등의 비용도 매출 증가에 대비하여 감소하지 않은 상태이었다.

구매/영업 부문에서 다음과 같은 문제점들이 있었다.
- 제품별 판매계획이 수량 기준으로 수립되지 않음.
- 일괄구매, 대량구매로 원가절감을 도모함.
- 제품별 적정재고수준이 설정되어 있지 않음.
- 시장의 수요변동이나 판매실적에 맞추어 판매계획이 변경되지 않음.
- 시장에서 긴급하게 요구하는 수요가 많음.

생산/물류 부문에서 다음과 같은 문제점들이 있었다.
- 영업의 판매계획에 대한 신뢰도가 낮음.
- 판매계획과 생산계획이 연동되지 않고 공장에서 생산계획을 자체적으로 작성함.
- 생산계획이 생산 효율을 높이기에 치중하고 있음.
- 자재가 신속하게 수급되지 않음.
- 공장별 적정재고의 운영 목표가 없음.
- 수송계획이 수요대응보다는 수송비 절감 차원에서 수립됨.
- 비주력제품의 물량배분 거점이 없음.

D사는 이런 상황을 개선하여 재고를 감축시키고 결품/폐기/반품을 줄이기 위하여 개선의 추진 방향을 다음과 같이 설정하였다.
- 공급망(supply chain) 전체의 가시성 확보
- 수요와 공급 불균형 해소

- 판매계획과 생산계획의 정보공유
- 품목별 수량 흐름에 대한 정확한 정보 제공
- 재고정책의 오너쉽(ownership) 명확화

이 목표의 달성을 위하여 D사는 구체적인 실행 항목들을 도출하였는데, 수요계획 부문에서

- 시장에 대한 분석/예측과 판매실적의 시계열 분석을 통하여 제품별 수량 판매계획을 수립함.
- 행사, 프로모션, 신제품 출시의 경우 사전 물량 예측 및 실적 피드백을 통하여 판매예상 수량의 적중율을 높임.
- 판매계획 및 생산계획을 주 단위로 수립함.

가 도출되었고, 유통 부문에서는,

- 자재, 설비, 생산능력 점검 후 공급계획을 확정함.
- 각 물류센터별/등급별 적정재고 운영기준을 설정함.
- 적정재고 운영 및 납기준수 대책을 마련함.
- 수송단위를 조정함.
- 수송루트 / 수송단위를 현실화시킴.

이 도출되었다.


### 해결책의 방향

이런 상황을 분석했을 때, 우리는 제품별 적정재고수준이 설정되지 않은 것이 문제의 핵심이라고 판단하였다. 왜냐하면, 이 때문에 공장별 적정

재고의 운영목표를 갖고 있지 않았으며, 또 이 때문에 물류센타의 재고관리가 미흡할 수 밖에 없다고 생각하였기 때문이다. 공장별 적정재고가 설정되지 않으므로 생산계획이 공장의 생산 효율 위주로 작성되고, 이는 생산/공급이 시장의 요구에 대응하지 못하게 만들어 버린 것이었다. 이런 상황들이 결국 판매시점에서 결품과 과잉재고를 초래하고 이는 영업부문의 신뢰도를 떨어뜨리게 되었다고 판단하였다.

이와 같은 상황분석을 (그림 7.1)의 다이어그램으로 표현하였다.

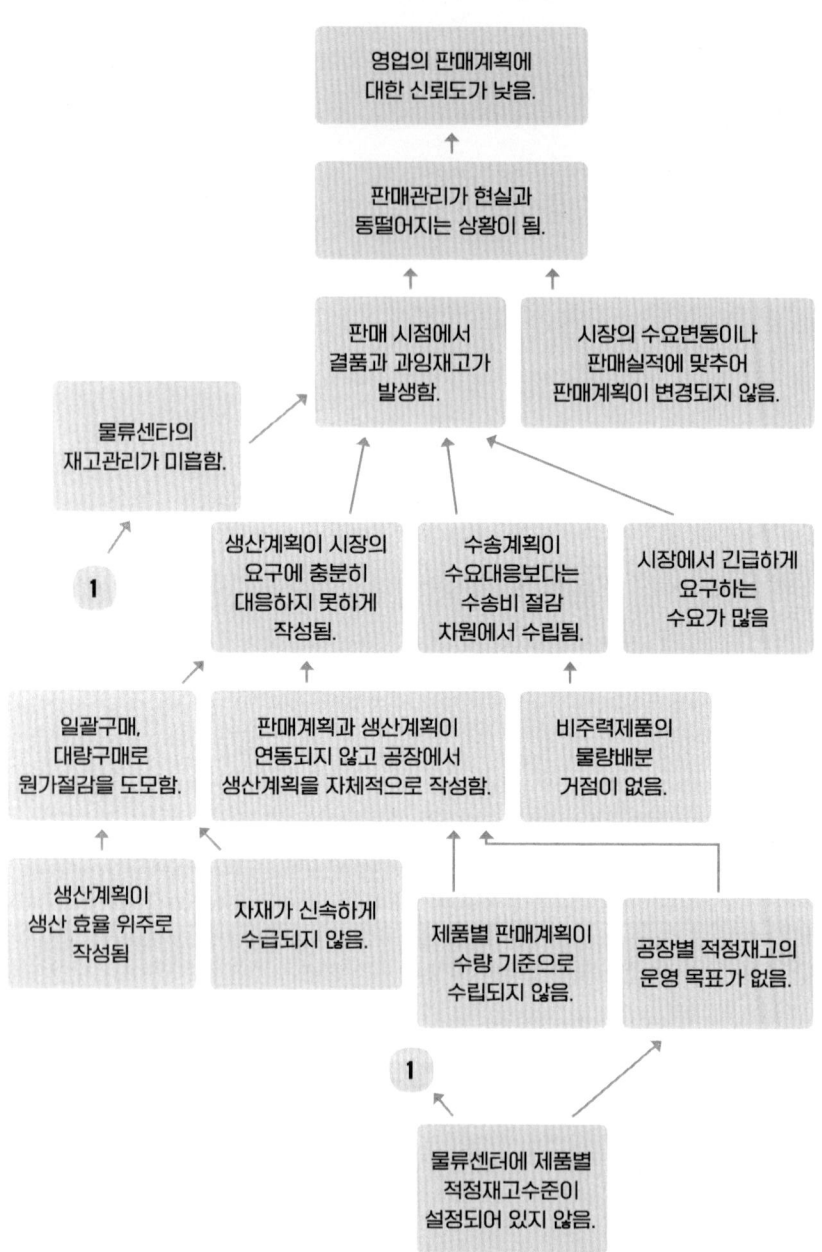

(그림 7.1) D사 공급사슬경영(SCM)의 현재상황 분석

이런 분석에 의해 우리는 해결책의 핵심이 물류센터의 재고관리에 있다고 판단하였다. 물류센터에서 적정재고를 설정하여 유지하는 것이 판매시점의 결품과 과잉재고를 방지하는 데 직접적인 효과가 있을 것으로 결론지었다. 이 재고를 통해서 D사는 판매계획과 생산계획을 연동시킬 수 있으며, 영업부서와 생산부서의 상호 협력을 증진시킬 수 있게 될 것이다. 이것이야말로 문제해결의 중추적 역할을 하며, 다른 문제점들을 해결하는 데에도 도움이 될 것으로 판단하였다. 그러므로 해결책의 방향이 다음과 같이 정해졌다:

- 현실이 충실히 반영되는 판매계획을 수립하고,
- 이를 바탕으로 결품과 과잉재고를 방지할 수 있도록 물류센터의 제품별 적정재고를 설정하며,
- 이 적정재고수준이 유지될 수 있도록 생산계획을 수립한다.

## TOC공급사슬경영의 추진

이러한 해결책의 방향에 맞추어 실무 적용을 추진하였는데, 다음의 2단계로 나누어 순차적으로 시스템을 구축해 나갔다.

### 1단계 : 판매계획의 수립과 물류센터의 적정재고의 운영

- 판매실적 집계와 판매계획 수립 절차를 정비하여 판매계획 업무시스템을 개선
- 품목별 적정 목표재고수준을 결정하는 로직을 개발하여 물류센터의 재고보충시스템을 개선
- 판매/재고 계획과 생산/공급/개발 계획의 유기적 연동을 위한 업무 프로세스를 점검
- 판매-재고-생산계획의 회의체가 정교한 자료에 의해 효율적으로 운

영될 수 있는 제도를 확립

**2단계 : 판매계획과 생산계획의 연동**
- 판매/재고계획과 생산계획의 연결
- 생산계획/납기 준수를 위한 생산관리시스템 개선
- 원부자재의 재고관리
- 성과지표의 설정

1단계 내용중 물류센터의 재고보충 개선은 목표재고시스템을 적용하였으며, 그 내용은 다음과 같다.
- 판매되는 상품을 두 가지로 구분하여 관리한다.
  수요량이 많은 품목은 SKU마다 별도로 관리하고, 수요량이 적은 품목은 품종으로 묶어서 관리한다.
- 판매계획에 근거하여 각 센터에서의 수요량과 보충기간을 확인한다.

다음 서식은 SKU의 수요량을 계산하는 과정이다.

(표 7.1) D사의 비축품목(SKU)의 소요량 계산 과정

| 판매계획 | 주 | 1 | 2 | 3 | 4 | 5 | |
|---|---|---|---|---|---|---|---|
| | 수량(박스, 혹은 개) | 100 | 120 | 90 | 120 | 100 | |
| | PL/주 | 10 | 12 | 9 | 12 | 10 | |
| | PL/일 | 2 | 2.4 | 1.8 | 2.4 | 2 | |
| 최소수송단위(PL): | 1 | | | | | | |
| 센터별 1월 판매계획량(PL/일): | | | | | | | |

| 센터 | 비중 | (PL) | (PL) | (PL) | (PL) | (PL) | 평균 |
|---|---|---|---|---|---|---|---|
| A | 0.1 | 0.2 | 0.24 | 0.18 | 0.24 | 0.2 | 0.21 |
| B | 0.39 | 0.78 | 0.936 | 0.702 | 0.936 | 0.78 | 0.83 |
| C | 0.01 | 0.02 | 0.024 | 0.018 | 0.024 | 0.02 | 0.02 |
| D | 0.17 | 0.34 | 0.408 | 0.306 | 0.408 | 0.34 | 0.36 |
| E | 0.11 | 0.22 | 0.264 | 0.198 | 0.264 | 0.22 | 0.23 |
| F | 0.06 | 0.12 | 0.144 | 0.108 | 0.144 | 0.12 | 0.13 |
| G | 0.05 | 0.1 | 0.12 | 0.09 | 0.12 | 0.1 | 0.11 |
| H | 0.08 | 0.16 | 0.192 | 0.144 | 0.192 | 0.16 | 0.17 |
| I | 0.03 | 0.06 | 0.072 | 0.054 | 0.072 | 0.06 | 0.06 |
| 합계 | 1 | 2 | 2.4 | 1.8 | 2.4 | 2 | |

다음 서식은 주문주기를 구하기 위한 것이다.

〈표 7.2〉 D사 물류센터의 주문주기를 구하는 과정

| 물류센터 | 주별 판매계획량 기준 실행요구 주문주기(일): | | | | | 실행요구 주문주기(일) | | |
|---|---|---|---|---|---|---|---|---|
| | 1주 | 2주 | 3주 | 4주 | 5주 | 최소 | 평균 | 최대 |
| A | 5.0 | 4.2 | 5.6 | 4.2 | 5.0 | 4.2 | 4.7 | 5.6 |
| B | 1.3 | 1.1 | 1.4 | 1.1 | 1.3 | 1.1 | 1.2 | 1.4 |
| C | 50.0 | 41.7 | 55.6 | 41.7 | 50.0 | 41.7 | 47.8 | 55.6 |
| D | 2.9 | 2.5 | 3.3 | 2.5 | 2.9 | 2.5 | 2.8 | 3.3 |
| E | 4.5 | 3.8 | 5.1 | 3.8 | 4.5 | 3.8 | 4.3 | 5.1 |
| F | 8.3 | 6.9 | 9.3 | 6.9 | 8.3 | 6.9 | 8.0 | 9.3 |
| G | 10.0 | 8.3 | 11.1 | 8.3 | 10.0 | 8.3 | 9.6 | 11.1 |
| H | 6.3 | 5.2 | 6.9 | 5.2 | 6.3 | 5.2 | 6.0 | 6.9 |
| I | 16.7 | 13.9 | 18.5 | 13.9 | 16.7 | 13.9 | 15.9 | 18.5 |

이런 과정을 거쳐 각 SKU관리품목과 품종관리품목마다 물류센터별 목표재고수준을 정하였다. 237종의 품목을 대상으로 11개의 각 물류센터마다 2,607개의 목표재고수준이 설정되었다. 이렇게 해서 다음 표와 같이 각 물류센터의 목표재고 금액과 수량을 실제 보유하고 있는 현재고의 금액과 수량으로 비교하였다(자료의 일부만 보임).

(표 7.3) D사 물류센타의 목표재고와 현재고의 비교

| 물류센타 | 목표재고 | | 현재고 | | 차이(목표재고-현재고) | |
|---|---|---|---|---|---|---|
| | 수량 | 금액 | 수량 | 금액 | 수량 | 금액 |
| A | 1,637,699 | 2,025,596 | 2,321,322 | 2,797,069 | - 683,623 | - 771,473 |
| B | 289,289 | 535,883 | 620,230 | 1,619,538 | - 330,940 | - 1,083,656 |
| ... | ... | ... | ... | ... | ... | ... |
| H | 1,457,070 | 1,954,701 | 2,000,438 | 2,625,130 | - 543,368 | - 670,429 |
| I | 1,457,070 | 1,842,437 | 1,084,714 | 1,397,655 | 372,356 | 444,782 |

이 표에서 보듯이 많은 물류센터에서 목표재고와 현재고의 차이가 음수로 나타났다. 이것은 현재 보유하고 있는 재고가 목표재고보다 더 많은 것이며, 과잉재고가 있음을 나타낸다. 사실 과잉재고의 수량과 금액이 목표재고에 의해 구체적으로 표현될 수 있다는 것, 그 자체만으로도 목표재고의 사용가치는 크다. 목표재고는 관리의 목표를 뚜렷하게 제시해준다.

2단계 과제 중에서, 생산계획/납기 준수를 위한 생산관리시스템 개선이 다루어졌다. 이 내용의 그 중심은 생산계획의 수립방법을 변경하는 데 있었다. 생산계획량은 다음 표와 같이 (판매계획+목표재고-현재고)로 계산된다.

| 구분 | 12월 실적 | 1월 계획 |
|---|---|---|
| 현재고 | 75,436 | |
| 목표재고 | | 32,844 |
| 판매계획 | | 181,484 |
| 생산계획 | | 138,892 |

일일 생산계획은 목표재고 32,844를 유지하는 모습으로 다음 서식과 같이 수립되었다. 6일까지는 현재고가 목표재고보다 많았으므로 7일에 이르러 비로소 6,408(=32,844-6,408)개가 보충되도록 계획되었다.

(표 7.4-1) D사의 생산계획 수립

| 일 | 1 | 2 | 3 | 4 | 5 | 6 | 7 | 8 | 9 |
|---|---|---|---|---|---|---|---|---|---|
| 판매계획 | 7,000 | 7,000 | 7,000 | 7,000 | 7,000 | 7,000 | 7,000 | 7,000 | 7,000 |
| 현재고 | 68,436 | 61,436 | 54,436 | 47,436 | 40,436 | 33,436 | 26,436 | 19,436 | 25,436 |
| 보충량 | | | | | | | 6,408 | 13,408 | 7,408 |
| 생산계획 | | | | | | | | 13,000 | |

이 계획을 따라 실행하여 1월 8일에는 그간의 실적을 반영하고 생산실적/계획이 다음과 같이 작성되었다.

(표 7.4-2) D사의 생산계획 수립(실적 반영)

| 일 | 1 | 2 | 3 | 4 | 5 | 6 | 7 | 8 | 9 |
|---|---|---|---|---|---|---|---|---|---|
| 판매실적 | 6,600 | 7,100 | 6,300 | 6,200 | 7,500 | 8,200 | 6,500 | 6,600 | 6,500 |
| 현재고 | 68,836 | 61,736 | 55,436 | 49,236 | 41,736 | 33,536 | 27,036 | 20,436 | 26,336 |
| 보충량 | | | | | | | 5,808 | 12,408 | 6,508 |
| 생산계획 | | | | | | | | 13,000 | |

## 적용 성과

이렇게 적용한 결과, 2008년 상반기에 재고금액이 29% 감소하였으며, 보유일수와 회전율도 26%, 35% 개선되었다.

(표 7.5-1) D사의 보충시스템 적용 성과(재고 감축)

| 구분 | 2007 | 2008.6 | 개선효과 | 비고 |
|---|---|---|---|---|
| 재고금액 | 201억원 | 140억원 | 59억원(29%)감소 | 저회전품목 52억원 |
| 보유일수 | 15.7일 | 11.6일 | 4.1일(26%)감소 | |
| 회전율 | 22.9회전 | 31.0회전 | 8.1회전(35%)증가 | |

결품도 줄어들어 결품율이 0.34% 감소되어 11.6% 개선되었다.

(표 7.5-2) D사의 보충시스템 적용 성과(결품율 감소)

| 구분 | | 2007.1~8 | 208.1~8 | 차이 | 개선효과 |
|---|---|---|---|---|---|
| 결품율 합계 | | 2.93% | 2.59% | 0.34% | 11.6% 감소 |
| 요인별 분류 | 영업 | | 1.25% | 1.09% | |
| | 물류 | | 0.53% | 0.45% | |
| | 생산 | | 1.15% | 1.04% | |

적용 후 6개월 정도 지나서 결품이 줄어들고 과잉재고가 줄어드는 것을 확인할 수 있었다. 이런 효과는 물류센터에서 목표재고시스템을 운영함으로써 판매계획과 생산계획을 서로 연동시킨 것이 효과를 나타낸 것으로 평가된다.

## 7.2 가용생산(MTA) 구축 사례

(이 사례는 적용 성과가 보고되지 않은 것이며, 그럼에도 불구하고 보충시스템과 MTA의 이해를 돕기 위해 소개하는 것임을 미리 밝혀둔다.)

### 적용 회사의 현황

S사는 자동차용 볼트 및 냉단품(너트와 특수규격 부품) 제조업체로서 1983년에 설립되었다. 주요 공정은 선재를 펴서(신선), 규격 길이에 맞게 절단하여 볼트의 머리를 만들고(Heading), 볼트 몸체에 나사를 가공하여(Tooling), 열처리와 도금 공정을 거쳐 검사/포장 후 출하된다.

제품의 규격이 4,000여 종류가 있는데, 이 중 실제 생산되는 것은 매월 1,500여 종에 이른다. 이들은 비축생산과 주문생산으로 구분되어 생산된다. 비축생산 제품은 주 3회 이상 출하되거나, 월 수요량 1,000개 이상, 또는 1,000개 이하일지라도 고객이 단납기로 요구하는 품목들이다.

주문생산 제품은 비축생산하지 않는 품목들인데, 월 수요량이 1,000개

이상이더라도 고객요구 납기가 생산리드타임보다 짧지 않은 경우에는 수주받은 후에 생산한다.

이 회사는 2008년 7월 당시, 다음과 같은 문제점들을 안고 있었다.

- **생산계획의 변동이 심하다.**

모기업인 자동차회사의 생산계획에 근거하여 자사의 생산계획(수량, 시기, 옵션, 가공라인 등)이 수립되나, 이 계획대로 생산되는 경우는 80% 수준에 머물고 있었다. 이 적중율을 높이기 위해 판매 정보를 신속히 입수하여 활용하는 것과 재고를 활용하는 방법을 사용하고 있었다. 그렇지만 모기업의 요구 변경은 Heading 공정부터 계획이 변경되는 경우가 많기 때문에 생산계획의 불안정 요인이 되고 있었으며, 재고의 활용이 이런 불안정 요인을 제거하지 못하고 있었다.

- **납기를 지키지 못하는 경우가 많다.**

고객의 단납기 요구와 변동이 빈번하여 납기 대응에 어려움이 많다. 긴급 수송이 많아지고 납기를 지키지 못하는 경우도 자주 발생한다.

- **불용재고가 많다.**

매년 고철로 처리되는 불용재고가 수십 톤에 이르며 금액도 수억 원이다. 고철로 처리하기 전에 재도금, 업체전환, 추가작업으로 용도를 살리기도 하지만 미미한 수준이다.

- **재고의 보유기간이 길다.**

과잉생산이나 조기생산이 많아 재고보유기간이 길다. 재고 회전율이 감소하는 추세를 보이고 있다.

그 동안 이 회사는 이런 문제점들을 해결하기 위하여 많은 노력을 기울여 왔다. 생산계획 수립방법을 개선하고 정보시스템을 도입하였다.

생산계획은 영업에서 판단한 판매계획과 ERP(Enterprise Resource Planning)에 입력된 자료를 근거로 생성된다. 판매계획은 3개월 평균 출하량을 기준으로 사용하는데, 고객별로 적용 기준이 조금씩 달라질 수 있다. 생산계획 수립기간의 단위는 2주이며 실제 생산지시는 일 단위로 세분되어 날마다 갱신된다. 만약 긴급품목이 발생하면 영업사원은 매일 생산을 긴급 요청할 수 있다. 생산지시할 때 재공품, 금형, 원재료 재고 현황, 그리고 제품재고를 감안하여 납기가 정해지고 납기에 따라 생산의 투입 순서가 결정된다.

생산계획과 별도로 포장계획이 수립되고 있다. 영업부로부터 당일 출하될 SKU 목록을 받아 포장량을 정한다. 여기에는 앞 공정의 생산 진행 상황, 창고 재고, 업체별 출하량이 감안된다. 이런 내용을 아래 (그림 7.2)에 다이어그램 형식으로 요약하였다.

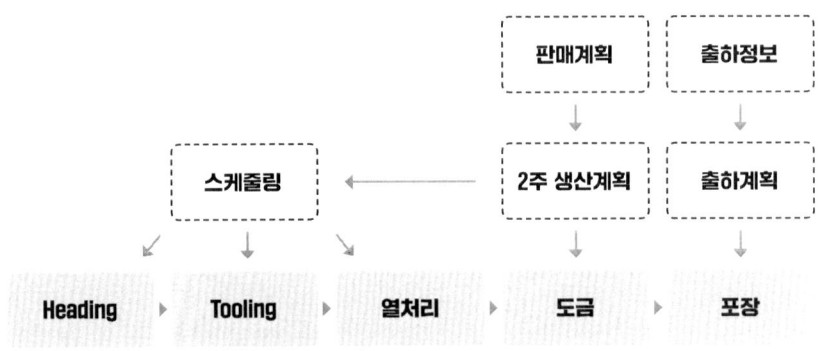

(그림 7.2) S사 생산관리시스템의 변경전 모습

정보시스템은 ERP외에 APS(Advanced Planning and Scheduling)와 POP(Production on Point)가 사용되고 있었다.

APS는 ERP로부터 생산계획을 받아 각 공정별 작업 스케줄을 작성한다. 공정이 진행되면서 필요에 따라 생산롯트를 분할하고 작업 부하에 따라 작업량을 조절하는 기능이 있는데, 실제로는 첫 공정인 Heading 공정에서만 사용되고 있다. 공정의 정보를 POP에 통보하며, 롯트 생산의 완료 정보를 ERP에 통보한다.

POP는 각 공정의 작업 진행 상황을 모니터하는 기능이다. 각 공정 사이의 입출고 현황을 관리하며, 특히 외주 공정의 입출고관리와 외주가공비 정산에 활용된다. 생산실적, 포장실적, 외주 입출고 정보 등을 ERP와 APS에 통보한다.

그러나 이렇게 생산계획시스템을 개선하고 정보시스템을 사용하였지만 납기와 재고 문제의 해결에는 별다른 효과를 경험하지 못하고 있었다.

### 가용생산(MTA) 시스템의 설계

S사의 생산환경은 비축생산(MTS)과 주문생산(MTO)이 혼합되어 있는 것의 전형적인 모습이다. 그러므로 새로운 시스템 설계의 초점을, 먼저 재고를 유지할 비축품목과 재고를 유지하지 않을 주문품목으로 명확히 구분하고, 다음으로 생산시스템을 가용생산(MTA)방식으로 바꾸는 데 두었다.

비축품목과 주문품목의 구분 기준은 현업에서 사용되고 있는 것을 따랐으며, 다만 정기적/비정기적으로 조정하는 절차를 명확히 하였다. 그 내용은 개략적으로 다음과 같다.

- 영업/판매 담당자가 각 제품마다 비축품목과 주문품목의 결정 또는 변경을 요청하는 요청서를 접수시킨다. 이것은 각 담당자가 업무적 상황을 판단하여 진행한다.
- 생산관리 담당자는 접수된 요청서를 근거로 관련 부서와 협의를 주도하여 비축품목 혹은 주문품목으로 구분한다.
- 생산관리 담당자는 생산방식에 맞추어 생산롯트의 크기를 결정한다.

이렇게 준비한 후, 이제 비축품목에 대해서는 MTA 방식을 구축하고, 주문품목에 대해서는 MTO방식을 보완하는 일이 진행되었다. 이것은 위의 (그림 7.2)과 같은 생산관리시스템을 다음 (그림 7.3)의 모습으로 바꾸는 것이었다.

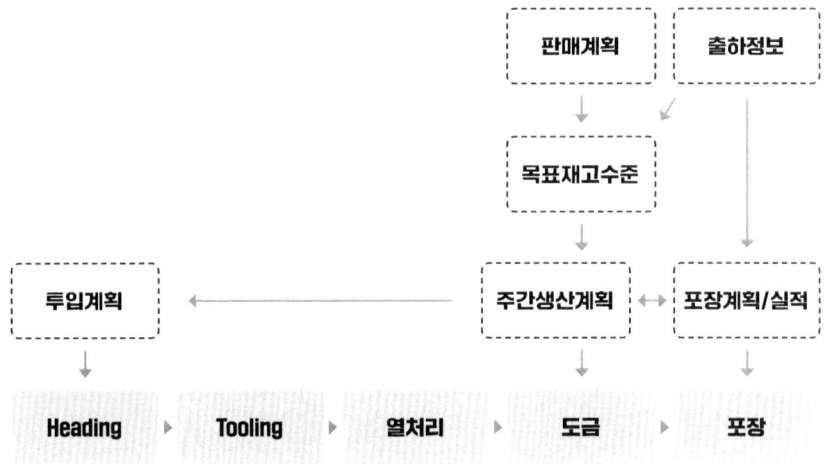

(그림 7.3) S사의 변경된 생산관리시스템의 모습

이 중 MTA시스템의 구축은 다음의 세 가지 영역으로 나누어 진행되었다.

- 주간생산계획의 수립
- 일일포장계획의 수립
- 첫 공정 투입계획의 수립과 생산의 진행

### 주간생산계획의 수립

이 주간생산계획은 1주일 동안 생산할 제품의 품목과 수량을 정하는 것이다. 각 비축품목마다 생산계획량은 목표재고수준과 실제 보유재고에 의해 정해진다. 목표재고수준은 판매계획과 실제 출하실적을 반영하여 산정되고, 보유재고는 창고재고와 발행된 생산지시량의 합으로 계산된다.

이 계획은 비축품목의 제품번호마다 수립된다. 생산량이 적은 품목들은 생산주기가 일 주일보다 더 길 수 있으며, 이런 품목들은 매주 생산되는 것이 아니므로, 품목끼리 순서를 정해 교대로 생산계획에 반영시킨다. 예를 들어, 생산주기가 4주인 품목들은 4개의 그룹으로 구분하여 각 그룹마다 순차적으로 4주에 한번씩 생산한다. 실제로 이 품목들의 생산주기는 1주, 2주, 3주, 4주, 8주, 12주, 그리고 24주의 7가지로 구분되었다. 그러므로 매 주 편성되는 생산계획에는 위 7가지 생산주기가 다음 (표 7.5)와 같이 반영되었다.

〈표 7.5〉 생산주기에 따른 생산계획 반영 품목

| | 생산주기 | | | | | | |
|---|---|---|---|---|---|---|---|
| | 1주 | 2주 | 3주 | 4주 | 8주 | 12주 | 24주 |
| 제1주 | 1 | 1 | 1 | 1 | 1 | 1 | 1 |
| 제2주 | 1 | 2 | 2 | 2 | 2 | 2 | 2 |
| 제3주 | 1 | 1 | 3 | 3 | 3 | 3 | 3 |
| 제4주 | 1 | 2 | 1 | 4 | 4 | 4 | 4 |
| 제5주 | 1 | 1 | 2 | 1 | 5 | 5 | 5 |
| 제6주 | 1 | 2 | 3 | 2 | 6 | 6 | 6 |
| 제7주 | 1 | 1 | 1 | 3 | 7 | 7 | 7 |
| 제8주 | 1 | 2 | 2 | 4 | 8 | 8 | 8 |
| 제9주 | 1 | 1 | 3 | 1 | 1 | 9 | 9 |
| 제10주 | 1 | 2 | 1 | 2 | 2 | 10 | 10 |
| 제11주 | 1 | 1 | 2 | 3 | 3 | 11 | 11 |
| 제12주 | 1 | 2 | 3 | 4 | 4 | 12 | 12 |
| 제13주 | 1 | 1 | 1 | 1 | 5 | 1 | 13 |
| 제14주 | 1 | 2 | 2 | 2 | 6 | 2 | 14 |
| 제15주 | 1 | 1 | 3 | 3 | 7 | 3 | 15 |

| 제16주 | 1 | 2 | 1 | 4 | 8 | 4 | 16 |
| 제17주 | 1 | 1 | 2 | 1 | 1 | 5 | 17 |
| 제18주 | 1 | 2 | 3 | 2 | 2 | 6 | 18 |
| 제19주 | 1 | 1 | 1 | 3 | 3 | 7 | 19 |
| 제20주 | 1 | 2 | 2 | 4 | 4 | 8 | 20 |
| 제21주 | 1 | 1 | 3 | 1 | 5 | 9 | 21 |
| 제22주 | 1 | 2 | 1 | 2 | 6 | 10 | 22 |
| 제23주 | 1 | 1 | 2 | 3 | 7 | 11 | 23 |
| 제24주 | 1 | 2 | 3 | 4 | 8 | 12 | 24 |

주간생산계획에는 주문품목의 생산계획도 포함된다. 주문수량과 납기가 정해지면 납기에서 생산리드타임을 뺀 날짜를 계산하고, 이 날짜가 빠른 순서대로 생산계획에 반영한다.

현재는 긴급한 주문과 응급조치가 필요한 품목들은 주간생산계획에 반영되어 있지 않더라도 일일작업지시로 처리될 수 있다. 새 생산계획시스템에 의해 이런 일들이 줄어드는 것을 기대하였다.

### 일일포장계획의 수립

일일 포장계획은 각 SKU마다 작성된다. 주간 생산계획과 출하정보에 근거하여 포장공정의 작업량을 작업완료일 기준으로 작성한 것이다. 이 계획은 APS를 활용하여 포장공정의 능력에 맞추어 수립되는데, 그 업무 로직(logic)은 대략 다음과 같다:

- 비축품목의 경우, 완제품 재고가 없는 경우에는 생산계획량/목표재고의 비율이 큰 것부터 우선 포장하고, 완제품 재고가 있는 경우에는 품목별 재고(현창고 업체별 재고 합)를 확인한 후 품목별 재고량/월판매계획량 비율이 낮은 순으로 포장한다.

- 주문품목의 경우, 납기일자가 빠른 순으로 포장설비 지정하고, 납기 일자가 동일한 경우에는 재고량/판매계획량 비율이 낮은 순으로 포장설비를 지정한다.

### 첫 공정 투입계획의 수립과 생산의 진행

첫 공정인 Heading에 선재를 투입하는 것은 그 이후 공정의 진행에 매우 큰 영향을 미친다. 이 투입계획은 일일포장계획을 근거로 일주일분이 작성된다.

Heading 공정의 능력이 병목에 해당하므로 이 투입계획은 다른 공정의 능력은 고려하지 않고 단지 공정의 능력만 고려하여 생성된다.

이 스케줄 생성에는 기존의 APS를 활용하였으며, 공정만 스케줄링하기 때문에 로직이 기존의 것에 비하여 단순화되었다. APS가 품번별 제조리드타임을 감안하여 그 기간만큼 일일포장계획에서 차감한다.

여기에는 Heading 공정의 설비배정을 위해서는 우선순위가 필요하다. 그 기준은 다음과 같다:

- 제1순위: 이미 생성된 작업지시
- 제2순위: 수주생산 품목
- 제3순위: 재고생산 품목

결과적으로 생산의 진행은 Heading의 스케줄에 의해 시작되고 다른 공정에서는 선입선출 방식으로 진행하게 된다. 다만 긴급주문은 매일 반영시켜 Heading 스케줄을 조정한다.

생산의 진행을 위해서는 투입된 작업지시마다 시간버퍼의 관리가 필요하다. 즉, 제조리드타임 기간을 3등분하여 적색, 황색, 녹색의 구간으로 구분하고, 생산공정에서 공정관리자가 이 색상을 보고 생산진행의 우선순위를 분별하게 만든다.

또 이 시스템이 지속적으로 유지되고 발전되기 위해서는 적절한 성과지표가 설정되고 측정되어야 한다. 여기서 우선 제시된 것은 주간생산계획의 준수율과 일일포장계획의 준수율이었다. 이 준수율이 높아질수록 시스템이 발전적으로 운영되고 있음을 시사하는 것이다.

이상의 내용을 보다 개략적으로 설명하는 것이 다음 (그림7.4)이다. 이것은 (그림 7.3)을 업무프로세스와 성과지표의 관점으로 다시 그린 것이다.

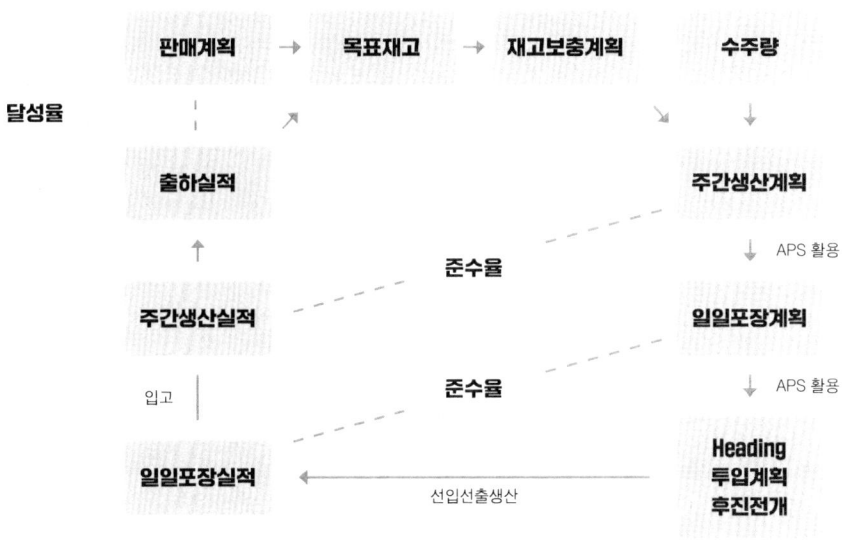

(그림 7.4) S사 생산관리 시스템의 업무프로세스와 성과지표

## 7.3 주문생산(MTO)과 가용생산(MTA)의 동시적용 사례

### 적용 회사의 개요

H사는 공작기계를 생산하여 판매하는 회사이며, 주요 제품은 머시닝 센터, CNC선반, CNC밀링이다. 국내 3대 공작기계회사의 하나로서 국내 시장점유율이 22%이며, 연간 매출액 규모는 1,500억원에 이른다.

이 회사는 프레임이나 베드와 같이 큰 사이즈의 부품, head stock과 같이 정밀도가 높은 부품은 직접 가공하고, 콘트롤러와 같은 고가의 첨단기술 부품은 해외에서 수입하며, 그 외의 부품들은 국내 협력사에서 구입한다. 매출의 70% 정도는 표준사양의 제품을 생산하여 판매하나 30% 정도는 고객의 주문 사양에 맞추어 주문생산하여 판매하고 있다.

그 동안 이 회사는 생산성 개선과 고객만족을 위해 많은 노력을 기울였으나, 아직도 다음과 같은 문제점들을 안고 있었다.

- 생산리드타임이 대부분 120일 이상이므로 고객주문에 신속히 대응하지 못한다.

- 판매 예측의 정확도가 낮다.
- 적정재고수준이 어느 정도인지 모르고 있다.
- 약속된 납기를 지키지 못하는 경우가 자주 있다.
- 생산요구량과 납품요구량이 생산능력을 넘는 경우가 발생한다.
- 시장이 수요 변화에 능동적으로 대처하지 못하고 있다.

이 회사는 MRP와 APS를 사용하고 있었으나 생산계획(MPS)이 지켜지지 않았고, 생산리드타임이 120일에서 더 이상 단축되지 않았다.

## DBR 생산시스템의 도입

2006년 11월에 TOC-DBR의 도입을 검토한 후, 2007년 3월에 기존의 생산관리 시스템에 TOC-DBR 생산관리 방식을 접목시켰다. 이것은 기존의 MRP기반의 생산관리 방식을 수정하여 병목공정 중심의 일정계획을 도입하고 납기가 긴 자재(부품)들을 비축하는 것이었다.

이 시스템의 골격은 다음 두 가지이다: 1) 재고를 유지할 비축자재를 운영하고 2) 병목공정을 기준으로 실행 스케줄을 작성한 후 생산계획을 수립하는 것이었다. 즉, 비축자재의 운영과 병목공정 스케줄링이었다. 이렇게 함으로써 생산계획이 지켜지고 납기약속이 지켜지는 것을 기대하였다.

비축자재는 목표재고 보충시스템에 의해 운영되었다. 구매리드타임이 생산리드타임보다 긴 품목을 선별하고, 이 품목의 수요량을 산정한 후 목표재고수준을 정하였다. 그리고 이 목표재고수준을 기준으로 실제 사용량을 구매 발주하였다.

또 기존의 생산계획 방법을 바꾸었다. 기존에는 생산계획 수립 후에 두 개의 가공공정(황삭공정, 사상공정)의 일정계획을 수립하였으나, 새 시스템은 생산계획 수립 전에 병목공정 1개(사상공정)만 대상으로 일정계획을 수립하였다. 그리고 이 일정을 기준으로 앞 공정의 자재 투입시기를 정하고, 뒤 공정의 조립시기를 지정하였다. 이렇게 함으로써 가공공정의 일정계획이 간단해질 뿐 아니라 제품의 생산계획이 실제 실행가능한 계획으로 수립될 수 있었다.

이로 인해, 이전 시스템에서는 생산계획 확정 후에 자재구입이 발주되었으나, 새 시스템은 비축자재의 가용성과 병목공정의 일정을 검토한 후에 생산계획을 확정시키는 것으로 그 순서가 바뀌었다. 이것은 그동안 사용해 왔던 MRP와 APS를 최대한 활용하면서 단지 그 사용 방법만 바꾸는 것이었으며, 새로 추가된 투자는 필요하지 않았다.

새 시스템의 적용 결과 생산관리 업무에 (표 7.7)과 같은 변화가 생겨났다.

(표 7.7) H사의 TOC-DBR 적용 후 업무의 변화

| 분야 | 적용 전 | 적용 후 |
| --- | --- | --- |
| 생산계획수립 | 월간생산계획, 신규3개월 전 수립, 추가/감산 2개월 전 조정 | 주간생산계획, 7주 전 수립 |
| 생산리드타임 | 대부분 120일 이상 | 필요에 따라 50일로 단축 |
| 재고 유지 | 완제품, 부품 | 부품 |
| 부품 발주 | MRP 방식 | 목표재고 보충시스템 |
| 가공공정 스케줄링 | 4개월 계획분, 2개 공정 | 주간계획분, 1개 공정 |
| 생산유형 구분 | 양산, 주문, 프로젝트, 연구개발 | 양산, 주문 |

TOC-DBR 적용에 의한 생산성의 변화는 적용 직후인 2007년 하반기에 나타나기 시작했다. 그것은 재조리드타임의 단축과 완제품 재고 수량의 감소로 나타났는데, 구체적인 수치는 다음 (표 7.8)과 같다.

⟨표 7.8⟩ H사의 TOC-DBR 적용의 성과

|  |  | 2007 | 2008 | 2009 | 비고 |
|---|---|---|---|---|---|
| 생산량(대) | 합계 | 1,134 | 1,087 | 599 |  |
|  | 월평균 | 95 | 91 | 50 |  |
| 생산리드타임 | 50일 이내 | 8종 | 13종 | 8종 | MTO-50일 |
|  | 90일 이상 | 24종 | 21종 | 28종 | 일부 MTO-90일 |
| 완제품 재고 (대) | 전체 | 99 | 105 | 88 |  |
|  | MC | 52 | 35 | 39 | 고가 |
|  | TC | 42 | 60 | 39 | 저가 |
|  | 프로젝트 | 5 | 10 | 10 | 고가 |
| 재고 금액 (백만원) | 완제품 | 8,000 | 7,763 | 9,012 |  |
|  | 공정 | 4,687 | 7,639 | 4,501 |  |
|  | 부품 | 3,820 | 5,349 | 4,506 |  |
|  | 총 재고 | 16,507 | 20,751 | 18,019 |  |

완제품 재고중에서 프로젝트 기종은 특성상 납품 전까지 재고를 유지하고 있다. 그러므로 이 재고는 늘어나는 것이 회사 매출 성장에 유리한 것이며 TOC-DBR에 의한 감축 대상이 아니다. TOC-DBR은 이 제품의 생산

량을 늘리는 효과를 기대할 수 있다.

　DBR은 2007년 하반기에 32기종에 적용되었다. 그 중 생산리드타임이 50일 이내로 단축된 것이 8기종, 90일 이상이 24기종이었다. 생산리드타임은 기종마다 고객요구 리드타임과 재고유지비용을 감안하여 전략적으로 결정된 것이었다.

　그리고 2008년도에는 50일짜리 생산리드타임이 13기종으로 확대 적용되었으며, 이로 인해 완제품재고가 줄고 그 대신 공정재고와 부품재고가 늘었다. 이것은 재고의 형태가 제품보다는 부품으로 바뀌면서 생산리드타임은 단축된 것을 의미하므로 매우 바람직한 결과를 얻은 것이었다.

　2009년도에는 세계적인 금융위기의 영향을 받아 생산량이 대폭 감소했고, 이로 인해 새 시스템의 적용 효과는 경제환경의 영향력에 묻혀버린 한 해가 되고 말았다.

### DBR생산시스템의 퇴보

　이런 가운데, 2009년에 그 동안 구축되었던 DBR생산시스템에 변경이 가해지기 시작하였다. 이 변경이 시작된 것은 경제환경이 악화되면서 부품재고의 증가에 대한 우려가 큰 부담이 되었기 때문이다. 완제품재고가 줄어들 뿐만 아니라 공정재고와 부품재고도 줄어들 것을 기대했었는데, 이와는 반대로 부품재고 증가 현상이 나타나면서 실망감이 커졌던 것이다.

　늘어난 부품재고를 줄이기 위해 이 회사는 부품/자재의 발주를 생산계획의 수량과 시기에 정확히 맞추도록 방침을 세웠다. 완제품 생산 한 대마다 소요되는 수량과 시기를 계산하고(MRP계산), 이 수량과 시기가 더욱 엄격히 지켜지도록 부품/자재의 구매 발주를 통제하였다. 발주시기는 모든 품목마다 사용되기 1개월 전에만 나가도록 했으며(구매리드타임이 1개월 이상인 경우는 예외로 함), 입고시기는 실제 사용시기에 임박한 일자로 제한하였다. 발주와 입고의 시기를 가능한 늦춘 것이며, 이렇게 하면 부품재고가 감축될 것으로 기대하였다. 이것은 TOC-DBR이 적용되기 이전의 방식인 MRP 방식과 같은 개념이며, 오히려 구매 수량을 최소화시키는 일을 더욱 강화한 것이었다.

이로 인해 자재의 비축은 없어지고, 생산계획에 명시된 수량만 발주하게 되었다. 뿐만 아니라, 생산계획 수립의 순서가 다시 옛날 방식으로 바뀌어, 생산계획이 먼저 수립되고 2개 가공공정의 생산일정은 여기에 맞추어 진행되었다. 생산계획이 병목공정의 능력과 일정을 감안하지 않고 영업의 수주량을 근거로 수량과 시기만 조정한 것으로 수립된 것이다. 그동안 적용되었던 DBR 생산 방식이 비축자재를 유지하고 생산계획의 순서를 바꾼 것이었는데, 이제는 이것이 사라지고 다시 이전의 MRP 방식으로 되돌아온 것이었다. 부품재고의 증가가 순수 MRP 방식을 부활시켜 버렸다.

이로 인해 이 회사는 다시 이전의 문제점들을 드러내기 시작하였다. 그것은,

- 부품이 생산계획대로 입고되지 않는 경우가 있다.
- 생산계획 일정이 지켜지지 않고 계약납기가 준수되지 않는다.
- 유휴시간이 많이 발생한다.
- 생산계획이 생산능력을 고려하지 않고 납기.수량을 정한다.
- 연장근무, 특근 비용이 크게 증가하고 있다.

### 목표재고시스템의 재구축

이 회사는 2009년의 글로벌 경제위기를 어렵게 보내고, 2010년에 경기회복을 맞이하였다. 영업으로부터 수주량이 늘어나면서 미처 생산량이 따

라가지 못한 미공급량이 쌓이기 시작했다.

미공급량이 증가하면서 생산의 문제점들은 더욱 크게 부각되었다. 특히 생산관리, 구매관리, 현장관리 업무의 대부분이 자재/부품의 확보에 있었다. 그러나 많은 시간을 투입해도 자재/부품의 결품은 늘어나고 또 불필요하게 입고된 과잉재고도 늘어나고 있었다. 생산계획은 지켜지지 않고 생산량의 증가도 미미한 수준이었다. 이런 와중에서 적체된 미공급량을 해소하기 위하여 생산량을 늘리는 것이 최대의 잇슈가 되었고, 이를 위해 수많은 직원들이 온갖 힘을 쏟아야만 했다.

이를 계기로 TOC-DBR의 재정비와 재활용이 부각되었다. 그리고 시스템 재구축의 목표를 이전의 DBR시스템을 복구하는 수준에 머무르지 않고, 그 완성도를 더 높은 수준으로 끌어올리고 성과도 더 향상시키는 것으로 설정하였다. 주요 내용은 다음의 네 가지 세부과제로 요약된다.

1. 생산전략의 수립

수요량, 반복생산, 제품특성을 검토하여 표준 생산리드타임을 정한다. 각 기종마다 단납기 요구 수준, 수요량, 생산대응 가능성 등이 반영되었다. 예를 들어 MTO-30일 기종은 제품사양별 수요가 두 대 이상이고, 매월 생산계획에 한번이라도 포함될 확률이 80% 이상인 것으로 선정하였다. 일단 MTO-30일, MTO-50일, MTO-120일로 구분되었으며, 상황의 변화에 따라서 조정할 수 있게 하였다.

2. 생산계획 프로세스의 보완

생산계획을 더욱 정교하게 수립하기 위하여 기존의 주간생산계획을 매일 작성하는 일일생산계획으로 바꾸었다. 그리고 영업에서 수주한 내용(기종별 납기와 수량)을 생산계획으로 확정하기 전에 부하(load)계획을 수립하고 출하가능일을 사전에 견적하였다. 이 부하계획과 견적납기를 사전에 확인해 보는 것은 S-DBR(Simplified DBR)의 방법을 이용한 것이다. 이런 방법을 이용하여 영업과 고객에게 출하가능한 납기를 확인해 준 후에 비로소 수주를 확정하였다. 그리고 생산계획은 수주확정된 수량과 납기를 기준으로 편성하였다.

생산계획은 MTA기종과 MTO기종에 따라 작성 기준이 다르다. MTA기종은 완제품의 목표재고(실제로는 콘트롤러의 목표재고)와 수주확정분을 함께 고려하여 작성되지만, MTO기종은 수주확정분을 그대로 반영한다.

### 3. 재고 보충시스템의 보완

생산계획이 발행된 후 비축자재에 대한 구매지시가 발행된다. 이것은 생산계획에 의해 소비된 수량을 보충하기 위한 지시로서, 창고에서 부품을 불출하는 즉시(당일) 발행되며, 업체별로 품목별 주문주기마다 발주된다.

발주된 모든 구매품목에 대해서 동적버퍼관리 시스템을 확립하였다. 그리고 이와 관련된 재고/발주 정보를 협력업체(공급자)와 공유하는 방법도 개선하였다. 예를 들어, 협력업체에서는 입고일자를 알려주는 대신 버퍼상태의 색깔(흑색, 빨강, 노랑, 녹색)만 알려주어 납품의 우선순위를 알려주는 것으로 단순화시켰다.

### 4. 동적버퍼관리를 위한 정보시스템 개선

동적버퍼관리를 위한 정보는 두 가지인데, 생산 진행에 대한 시간버퍼와 비축자재에 대한 비축버퍼이다. 이것들의 버퍼상태를 신호등으로 알 수 있도록 실시간 정보시스템을 구축하였다.

## 적용 성과

이렇게 네 가지 세부과제를 중심으로 생산시스템이 재구축되어 2011년 3월부터 실제 업무에 적용되기 시작하였다. 비축자재의 신호등을 확인해 본 결과 50% 이상의 자재가 흑색구간(납기지연)에 있었으며, 우선 이것을 해소하기 위해 구매주문을 추가하고 협력업체의 공급을 독려하기 시작했다. 그리고 이 신호등 정보를 협력업체와 손쉽게 공유하도록 개선하여 협력업체 스스로 공급의 우선순위와 긴급도를 판단하게 만들었다.

이와 같이 적용을 추진한 결과, 아래의 (표 7.9)에서 보는 바와 같이 생산량은 크게 늘어나기 시작했다. 2010년은 2007년 대비 생산금액이 107% 증가하였으며, 2011년에는 157%, 2012년에는 152% 증가하였다.

2012년부터 납기준수율이 측정되기 시작하였으며, 2013년 현재 95% 이상을 유지하고 있다.

〈표 7.9〉 H사의 TOC-DBR과 보충시스템 적용의 성과

| 년 | | 2007 | 2008 | 2009 | 2010 | 2011 | 2012 |
|---|---|---|---|---|---|---|---|
| 생산금액 추이(%) | 2007년 기준 | 100% | 102% | 66% | 107% | 157% | 152% |
| 생산 리드 타임 | 50일 이내 | 8종 | 13종 | 8종 | 8종 | 10종 | 10종 |
| | 90일 이상 | 24종 | 21종 | 28종 | 31종 | 30종 | 31종 |
| 납기 준수율 | | 측정 자료 없음 | 81% | | | | |
| 재고 회전율 | 완제품 | 15.2 | 16.0 | 9.0 | 12.5 | 12.3 | 21.7 |
| | 공정 | 26.0 | 16.2 | 17.8 | 14.0 | 18.1 | 15.0 |
| | 부품 | 31.9 | 23.2 | 17.8 | 17.7 | 15.7 | 14.4 |
| | 총 재고 | 7.4 | 6.0 | 4.5 | 4.8 | 5.0 | 5.5 |

그리고 재고의 수량과 금액에도 변화가 나타났다. 생산량이 50% 이상 늘었음에고 완제품 재고의 경우, MC(Machining Center)와 TC(Turning Center)의 재고 수량은 오히려 줄어들었다. 납기준수율이 95%에 이르면서 단납기 대응을 위한 완제품재고는 보유할 필요가 없어졌고 연구개발용이 대부분을 차지하고 있다.

완제품재고와는 달리 부품재고는 증가하였는데, 이것은 재고의 품목이 제품 대신 부품로 바뀌고 있음을 보여준다. 이런 추세는 재고의 부담을 줄이면서 동시에 고객의 납기대응을 높일 수 있는 전형적인 효과에 해당한다.

공정재고는 생산현장의 대기시간과 관련이 있다. 대기시간이 길수록 공정재고는 증가하는데 대기시간을 단축시키면 이 재고는 줄어든다. 보충시스템의 완성도가 높아지면서 대기시간이 줄고 있으므로 앞으로 공정재고도 더 줄어들 것으로 H사는 기대하고 있다.

# 참고문헌

- 기시라 유지, '괜찮겠지'라는 생각이 회사를 망친다: 전체최적으로의 패러다임 전환, 김은숙 번역, KSAM(한국표준협회미디어), 2010.
- 엘리 골드랫, 폴은 어떻게 재고관리 해결사가 되었을까?, 백승빈 번역, 웅진윙스, 2011.
- 엘리 골드랫, 초이스, 최원준 번역, 웅진윙스, 2010.
- 엘리 골드랫, 신기술 도입의 함정, 이정숙, 정남기 번역, 동양문고, 2003.
- 정남기, 성과를 200% 끌어올리는 TOC, 한언, 2005.
- 정남기, CALS 시대 생산관리, 청문각, 1997.
- Carol A. Ptak and Chad J. Smith, Orlicky's Material Requirements Planning, 3rd Ed., McGraw-Hill, 2011.
- Eli Goldratt and Rami Goldratt, TOC Insight into Distribution and Supply Chain, Goldratt's Marketing Group, 2006.
- Eli Schragenheim, SCM at Warp Speed, 3rd Ed., McGraw-Hill, 2011.
- Eli Schragenheim, Measures and Trust in SCM, white paper, 2002.

# 찾아보기

## ㄱ

가용생산 8, 216, 240
가용재고 81, 111, 147, 221
결품 6, 22, 45, 82, 111, 145, 186, 227
결품율 179, 197, 236
경제적 주문량(EOQ) 98
고객요구리드타임 52, 210
공정재고 22, 49, 250
공급리드타임 52, 109, 116, 150, 207
공급사슬경영 6, 146, 186
공급자관리재고 216
과잉재고 6, 21, 45, 85, 145, 186, 229
구매리드타임 32, 52, 82, 221, 247
구매오더 222
끌어당기기 85, 186
끌어당기기 85, 186
기준생산계획 69, 204

## ㄴ

냉각기간 159
녹색구역 147

## ㄷ

동적버퍼관리 145, 253

## ㄹ

리드타임 27, 61, 77, 125, 203, 250
리스크 풀링 133

## ㅁ

목표재고 66, 79, 113, 142, 187, 234
목표재고 조정 145
목표재고시스템 7, 68, 79, 113, 142, 186, 232
물류센터 226
밀어내기 104, 189
미입고 발주량 81, 111

## ㅂ

발주량 41, 47, 77, 111, 159, 202
발주시기 41, 45, 79, 173, 204, 250

발주주기 77
버퍼관리 7, 144, 191
버퍼구역 146
버퍼상태 148, 253
버퍼색상 147, 221
보충시스템 7, 59, 76, 112, 142, 178, 198, 231
보충기간 58, 82, 108, 146, 192, 232
비동조화 92
비동조 끌어당기기 93, 186
비축생산 27, 98, 188, 237
비축자재 31, 46, 155, 247
비축품목 220

## ㅅ

상품재고 24
생산계획 22, 44, 87, 155, 186, 227
생산리드타임 19, 71, 87, 108, 192, 238
생산오더 221
서비스수준 115
성과지표 178, 232
소매상점 53, 187
수송리드타임 108, 164
수요예측 24, 44, 104, 114, 145, 191
신선제품 197
신상품 197

## ㅇ

안전재고 83, 114, 174
유통재고 22, 91, 155, 201

## ㅈ

재고비용 44, 213
재고회전율 16, 45, 189
적색구역 147
적정재고 22, 44, 113, 145, 227
제조리드타임 71, 164, 244
주문생산 28, 69, 188, 237
주문자재 31
주문점 33, 60, 79, 119, 201
주문점시스템 7, 79, 136, 142, 199
중심극한정리 131, 191
중앙유통센터 135, 190
지역창고 190

## ㅊ

창고재고 81, 147, 210, 242
채찍현상 64, 92
침투기간 157

## ㅍ

판매계획 24, 53, 87, 200, 227
편집광 114

## ㅎ

확정된 수요  81, 164

황색구역  147

히스테리어  114

## 영문

APS(Advanced Planning and Scheduling)  239

CMI(Co-Managed Inventory)  60

CRP(Continuous Replenishment Planning)  60

EOQ(Economic Order Quantity)  98, 137

ERP(Enterprise Resource Planning)  69, 239

IDD(Inventory-Dollar-Days)  181

MPS(Master Production Schedule)  69, 204, 247

MTA(Make to Availability)  8, 216, 237

MTO(Make to Order)  28, 203, 240

MTS(Make to Stock)  27, 199, 240

MOQ(Minimum Order Quantity)  45

Pull  186

Risk Pooling  133

SCM(Supply Chain Management)  6, 63, 90, 146, 186

S&OP(Sales & Operation Planing)  90

SKU(Stock Keeping Unit)  138, 196, 226

TDD(Throughput-Dollar-Days)  181

TOC-DBR  247

VMI(Vender Managed Inventory)  60, 216

# 시스템경영원

웹사이트 https://syson.kr/

유투브 https://www.youtube.com/c/Tockorea

블로그 https://blog.naver.com/tockorea

## 시스템경영은

- 고객, 주주, 종업원 3자만족 성공경영을 실현합니다.
- 근본문제를 해결하여 악순환을 벗어나는 경영시스템 구축 효과를 보게 됩니다.
- 업무흐름 개선, 현금흐름 가시화, 논리흐름 활성화를 달성합니다.
- 결정적 경쟁우위를 확보하여 성장과 안정이 지속됩니다.

## 시스템경영원은

- 성공경영을 구현하는 교육/컨설팅/코칭을 제공합니다.
- 다수의 경영기법들(TOC, 6시그마, Lean, ERP/SCM)을 통합적으로 활용합니다.
- TOC(Theory of Constraints)로 핵심문제를 해결하고 조직 구성원의 공감대를 형성합니다.
- 간결한 이론 해설과 실무적인 실습, 편리한 온라인 교육, 실무 적용 가이드, 그리고 강의 자료와 비디오를 드립니다.

**원장 정남기는**

- ㈜한국TOC협회 회장을 역임(2015~2021)하였습니다.
- 기업/조직의 경영이슈를 해결하는 교육/컨설팅/코칭을 진행합니다.
- 전략적 의사결정, 생산/유통 수익성 향상, 프로젝트관리 성과 창출, 문제해결 리더십 개발, 마케팅/판매 정책 등의 영역에서 활동하고 있습니다.
- 25년동안의 TOC 활용 경험을 저서 7권과 번역서 2권에 담았습니다.